T0207745

essentials

essentials liefern aktuelles Wissen in konzentrierter Form. Die Essenz dessen, worauf es als „State-of-the-Art" in der gegenwärtigen Fachdiskussion oder in der Praxis ankommt. *essentials* informieren schnell, unkompliziert und verständlich

- als Einführung in ein aktuelles Thema aus Ihrem Fachgebiet
- als Einstieg in ein für Sie noch unbekanntes Themenfeld
- als Einblick, um zum Thema mitreden zu können

Die Bücher in elektronischer und gedruckter Form bringen das Fachwissen von Springerautorinnen kompakt zur Darstellung. Sie sind besonders für die Nutzung als eBook auf Tablet-PCs, eBook-Readern und Smartphones geeignet. *essentials* sind Wissensbausteine aus den Wirtschafts-, Sozial- und Geisteswissenschaften, aus Technik und Naturwissenschaften sowie aus Medizin, Psychologie und Gesundheitsberufen. Von renommierten Autorinnen aller Springer-Verlagsmarken.

Andrea Hausmann · Sarah Schuhbauer

Schriftliche Besucherbefragungen im Kulturmarketing und Kulturtourismus

Praxis Kulturmanagement

Andrea Hausmann
Düsseldorf, Deutschland

Sarah Schuhbauer
Wirtschaftsförderung Region Stuttgart
Stuttgart, Deutschland

ISSN 2197-6708   ISSN 2197-6716   (electronic)
essentials
ISBN 978-3-658-41337-8   ISBN 978-3-658-41338-5   (eBook)
https://doi.org/10.1007/978-3-658-41338-5

Die Deutsche Nationalbibliothek verzeichnet diese Publikation in der Deutschen Nationalbibliografie; detaillierte bibliografische Daten sind im Internet über http://dnb.d-nb.de abrufbar.

Planung/Lektorat: Marta Schmidt
Springer VS ist ein Imprint der eingetragenen Gesellschaft Springer Fachmedien Wiesbaden GmbH und ist ein Teil von Springer Nature.
Die Anschrift der Gesellschaft ist: Abraham-Lincoln-Str. 46, 65189 Wiesbaden, Germany

Was Sie in diesem *essential* finden können

- Fundierte und kompakte Erläuterungen zur schriftlichen Besucherbefragung als Instrument im Kulturmarketing und Kulturtourismus.
- Erläuterungen zu den zentralen Begrifflichkeiten aus der Praxis schriftlicher Besucherbefragungen (u. a. auch zu den Grundbegriffen der Statistik).
- Eine anwendungsbezogene Vorstellung der beiden Methoden schriftlicher Befragungen (Paper-Pencil und Online), inkl. einer Untersuchung auf ihre Stärken und Schwächen.
- Die Skizzierung der einzelnen Phasen von schriftlichen Befragungen – von der Gestaltung eines Fragebogens und der Datenerhebung über die Datenaufbereitung und -auswertung bis hin zur Follow-up-Phase.
- Illustration der theoretischen Erläuterungen anhand vieler aktueller Beispiele aus der Praxis von Kultur und Tourismus.

Inhaltsverzeichnis

Einführung

1

1.1 Status Quo, Begriffserklärung und Ziel dieses *essentials*

Die schriftliche Befragung ist für Kulturbetriebe und Tourismusorganisationen gleichermaßen *das* zentrale Instrument zur Analyse von Besucher/innen, der zweifellos wichtigsten externen Anspruchsgruppe im Kulturmarketing und Kulturtourismus. Durch den systematischen Einsatz wissenschaftlicher Methoden werden entscheidungsrelevante Informationen (bspw. Daten über die Besucherzufriedenheit, die Besucherstruktur oder auch das Nutzungsverhalten) gewonnen, die höchst relevant für die erfolgreiche Arbeit in der Praxis sind. Regelmäßige und professionell durchgeführte Besucherbefragungen können zahlreiche wichtige *Aufgaben* im Kultur- und Tourismusmarketing erfüllen:

- *Informations- und Implementierungsaufgabe:* Durch die Erhebung konkreter Informationen über die Besucher/innen (soziodemographischen Merkmale, aber auch Motive, Bedürfnisse, Zufriedenheit etc.) können zielgruppenspezifische Maßnahmen abgeleitet werden, die auf empirisch gesicherten Erkenntnissen beruhen.
- *Frühwarn- und Innovationsaufgabe:* Indem bislang nicht erfüllte Bedürfnisse identifiziert und/oder Wünsche für die Zukunft abgefragt werden, können nachfrageseitig wahrgenommene Probleme (z. B. Besucherunzufriedenheit in bestimmten Bereichen) rechtzeitig aufgedeckt, analysiert und notwendige Veränderungen bzw. Leistungsinnovationen identifiziert werden.

© Der/die Autor(en), exklusiv lizenziert an Springer Fachmedien Wiesbaden GmbH, ein Teil von Springer Nature 2023
A. Hausmann und S. Schuhbauer, *Schriftliche Besucherbefragungen im Kulturmarketing und Kulturtourismus*, essentials,
https://doi.org/10.1007/978-3-658-41338-5_1

- *Objektivierungs- und Entscheidungsaufgabe:* Durch die Gewinnung von Informationen „aus erster Hand" kann eine mögliche Unsicherheit bei der Entscheidungsfindung reduziert und deren Qualität verbessert werden. Dazu gehören z. B. Informationen im Hinblick auf eine zielgruppenorientierte Schwerpunktsetzung bei kommunikationspolitischen Maßnahmen (on-/offline, regionale oder überregionale Plakatierung etc.).
- *Kontroll- und Legitimierungsaufgabe:* Bereits eingeleitete Marketingmaßnahmen können auf ihre Wirksamkeit überprüft werden, z. B. indem die Wahrnehmung und/oder Nutzung dieser Maßnahmen und die damit einhergehende Zufriedenheit der Besucher/innen erfasst wird. Gleichzeitig kann so eine Argumentationsbasis gegenüber Trägern, Kulturverwaltung, Medien, Öffentlichkeit etc. geschaffen werden.

Viele Kulturbetriebe und touristische Leistungsträger haben diese Potenziale bereits erkannt und setzen deshalb schon lange Besucherbefragungen ein. Gleichzeitig gibt es aber auch noch immer viele kleinere Kulturbetriebe, die bisher noch keine Besucherbefragung durchgeführt haben. Als Ursache hierfür wird häufig der Mangel an personellen und finanziellen Ressourcen genannt, auch fehlt es häufig an Erfahrungen mit der entsprechenden Methode. Aber auch bei größeren oder vermeintlich leistungsstärkeren Kulturbetrieben fehlt es zuweilen an einer systematischen und zielgerichteten Vorgehensweise bei der Erhebung, Analyse, Aufbereitung oder Interpretation empirischer Daten. Auf Tourismusseite liegen wiederum zwar oft bereits übergeordnete, allgemeine Informationen vor (Ankunfts- und Übernachtungszahlen etc.), hier fehlt es aber häufig an Informationen speziell in Bezug auf Kulturtourist/innen, die für die Optimierung oder bessere Vermarktung des kulturtouristischen Angebotshilfreich wären.

Ziel dieses *essentials* ist es deshalb, fundiert und kompakt die schriftliche Besucherbefragung als Instrument im Kulturmarketing und Kulturtourismus zu erläutern. Marketing wird dabei als strategisches Führungskonzept bzw. ganzheitliche, abteilungsübergreifende Organisationsphilosophie verstanden. Relevante Marktpartner/innen der Kulturbetriebe und Tourismusorganisationen sind dabei v. a. die Besucher/innen, die die angebotenen Leistungen in Anspruch nehmen und damit zu den wichtigsten Zielgruppen gehören. Hinsichtlich einer strategischen Herangehensweise müssen die Anbieter deshalb Nachfragewünsche aufspüren und diese durch die Entwicklung und Bereitstellung entsprechender Produkte und Dienstleistungen erfüllen (Hausmann 2019; 2021, S. 2 f.).

Anhand zahlreicher Beispiele aus der Praxis von Kulturmarketing und Kulturtourismus werden im Folgenden die einzelnen Phasen einer schriftlichen Besucherbefragung – von der Gestaltung eines Fragebogens und der Datenerhebung über die Datenaufbereitung und -auswertung bis hin zur Follow-up-Phase – skizziert. Ein Fokus liegt dabei auf der Herausarbeitung und Gegenüberstellung der Spezifika von Paper–Pencil- und Online-Befragungen. Das *essential* richtet sich dabei an Führungskräfte und Mitarbeitende, die in Kulturbetrieben für das Kulturmarketing zuständig sind und zum anderen an Führungskräfte und Mitarbeitende im Tourismus, deren Ziel es ist ein kulturtouristisches Publikum zu gewinnen.

1.2 Vor- und Nachteile von schriftlichen Besucherbefragungen

Schriftliche Besucherbefragungen zeichnen sich durch einige Vorteile aus, die diese Erhebungsart im Vergleich zu anderen Instrumenten der Publikumsforschung (Beobachtung, Experiment, mündliche Befragung) attraktiv machen:

- *Ressourceneinsatz:* Durch die weitgehend standardisierte Erfassung von Daten fallen sowohl geringere Kosten als auch ein geringerer Zeit- und Personalaufwand als bei anderen Instrumenten an. Im Unterschied zu mündlichen Befragungen lesen und beantworten die Proband/innen die Fragen bspw. selbst.
- *Standardisierung:* Schriftliche Besucherbefragungen ermöglichen ein weitgehend standardisiertes Vorgehen, da den Besucher/innen Antwortkategorien vorgegeben werden. Alle Teilnehmenden erhalten also die inhaltlich, sprachlich und strukturell gleichen Fragen.
- *Datenmenge:* Es können mehr Antworten bzw. Daten in meist kürzerer Zeit generiert werden, denn im Vergleich zu mündlichen Befragungen o. Ä. können viele Personen gleichzeitig befragt werden.
- *Vergleichbarkeit:* Schriftliche Besucherbefragungen ermöglichen eine hohe Vergleichbarkeit der Daten.
- *Einflussnahme:* Schriftliche Besucherbefragungen unterliegen weniger als andere Instrumente einer Gefahr der Einflussnahme auf die Antworten der Befragten. So erfolgt bspw. keine Beeinflussung durch die Interviewer/innen.

Mit dem Einsatz schriftlicher Besucherbefragungen gehen allerdings nicht nur Vorteile, sondern auch einige Nachteile einher:

- *Rücklauf:* Ein Nachteil kann der ggf. zu geringe Rücklauf sein, bspw. wenn die Befragten ein nur geringes Interesse am Befragungsgegenstand aufbringen, wie etwa Konzertbesucher/innen, die ihr Abonnement gekündigt haben. Andere Instrumente, z. B. mündliche Befragungen, können aufgrund der persönlichen Ansprache bessere Rücklaufquoten erzielen.
- *Personenbezug:* Bei schriftlichen Besucherbefragungen, v. a. wenn die Fragebögen per Post oder online versandt werden, kann nicht immer sichergestellt werden, dass die kontaktierte Person tatsächlich den Fragebogen selbst bzw. allein ausfüllt.
- *Fokus:* Schriftliche Besucherbefragungen unterliegen immer der Herausforderung, tatsächlich auch das zu erfassen, was erfasst werden soll. Das kann im Fragebogen dadurch erschwert werden, dass Besucher/innen z. B. die Frage nicht oder falsch verstehen oder durch die Art der Fragen (Reihenfolge, Antwortmöglichkeiten, Tonalität) beeinflusst werden. Der Wille der Proband/innen zu einer ehrlichen Antwort muss daher vorausgesetzt und die korrekte Beantwortung stimuliert werden (Instrumente hierfür: s. Kap. 2).
- *Stichprobenverzerrungen:* Es kann zu Stichprobenverzerrungen kommen, etwa dann, wenn die Proband/innen willkürlich ausgewählt werden. Bei Paper–Pencil-Befragungen ist das bspw. dann der Fall, wenn das Personal die Fragebögen nur an erreichbar wirkende Personen austeilt. Aber auch bei Online-Befragungen kann es zu Verzerrungen kommen, bspw. indem die Umfrage nur über Social Media geteilt wird. Die große Bedeutung einer sorgfältigen, systematischen Vorgehensweise, insbesondere auch bei der Auswahl des Samples (vgl. Abschn. 1.6), ist daher nicht zu unterschätzen.

1.3   Festlegung des Informationsbedarfs

1.3.1   Grundlagen

Zu Beginn einer jeden Untersuchung sollten sich der Kulturbetrieb oder die kulturtouristischen Leistungsträger zunächst damit auseinandersetzen, welches Marketingproblem sie am meisten beschäftigt und welcher konkrete Informationsbedarf damit einhergeht. Mögliche Beispiele könnten sein:

- Deutlicher Besucherrückgang in den letzten Jahren,
- zu geringer Anteil an jungem Publikum,
- fehlende Wahrnehmung des Kulturbetriebs/der kulturtouristischen Angebote in der Öffentlichkeit,

- zu wenige Informationen über die Interessen und Bedürfnisse von Tourist/innen.

Das dringendste Marketingproblem sollte anschließend abgegrenzt und der zur Lösung benötigte *Informationsbedarf* (z. B. Wissen über die Zufriedenheit des Publikums mit bestimmten Marketingmaßnahmen) konkretisiert werden. Eine möglichst genaue Eingrenzung hat zum Ziel, dass nur solche Informationen erhoben werden, die sich für die Problemlösung bzw. Ableitung konkreter Maßnahmen eignen. Aus einem breit gefassten Untersuchungsproblem (z. B. „Wir wissen wenig über das Informationsverhalten unserer Besucher/innen.") sollte ein solches werden, das sich gut bearbeiten lässt (z. B. „Wir wissen wenig darüber, wer unsere Informationen auf Social Media in welcher Weise nutzt.").

1.3.2 Ableitung von Untersuchungsfragen/-ziel

Wurde das Untersuchungsproblem konkretisiert, können Untersuchungsfragen und -ziel bestimmt werden:

- *Untersuchungsfragen: Was* soll im Rahmen der Studie *konkret* herausgefunden, überprüft und/oder geklärt werden? Beispiele sind:
  - Welche Merkmale sind kennzeichnend für unsere Besucherstruktur?
  - Was sind die Ursachen für den Rückgang unserer Abo-Zahlen?
  - Wer nimmt unsere Vermittlungsangebote in Anspruch?
  - Wie wirken sich Preiserhöhungen auf die Besuchszahlen aus?
- *Untersuchungsziel: Warum* soll etwas herausgefunden, überprüft und/oder erklärt werden? Beispiele sind:
  - „Ziel unserer Studie ist es, durch die Analyse der Struktur und Zufriedenheit unserer Besucher/innen Anhaltspunkte für die künftige Schwerpunktsetzung bei Marketingmaßnahmen zu gewinnen."
  - „Ziel unserer Studie ist es, aus den Ergebnissen Handlungsempfehlungen für den Einsatz von Social Media in der Kulturvermittlung abzuleiten."

1.3.3 Informationsquellen und Durchführende

Gute, ressourcenorientierte Untersuchungen setzen an den Ergebnissen anderer Arbeiten an. Zunächst muss deshalb überlegt werden, ob für die Gewinnung der Informationen überhaupt eigene Untersuchungen notwendig sind oder ob hierfür ggf. auch vorliegende Sekundärforschung ausreichend ist *(Sekundär- vs. Primärforschung)*. Fällt die Entscheidung für eine eigene Studie gilt es zudem zu entscheiden, von wem die Untersuchung durchgeführt werden soll *(Eigenmarkt- vs. Fremdmarktforschung)*.

Sekundär- vs. Primärforschung
Im Rahmen der *Sekundärforschung* werden Daten berücksichtigt, die für andere Zwecke erhoben wurden. Die Daten liegen also bereits vor, können i. d. R. ohne größeren Aufwand genutzt werden und aus verschiedenen Quellen stammen:

- *Kulturbetriebsinterne Quellen*, z. B.:
  - Frühere Besucherbefragungen,
  - Umsatz-, Verkaufs- und Absatzstatistiken,
  - Besucherdatenbanken,
  - Reklamationen/Beschwerden,
  - Besucheranfragen/-korrespondenz,
  - Besucherkommentare auf Social Media.
- *Kulturbetriebsexterne Quellen*, z. B.:
  - Online veröffentlichte Befragungen, Kommentare auf Social Media-Profilen etc. von *anderen* Kulturbetrieben,
  - Studien, Statistiken, Leitfäden usw. von *kulturspezifischen Verbänden und Institutionen*,
  - kostenfrei zugängliche Informationen vom *Statistischen Bundesamt*, z. B. Zahl der Besuche an Theatern und Museen,
  - Berichte und Studien von *Bundes- und Landesministerien*, z. B. vom Bundesministerium für Wirtschaft und Energie (Studien zur Tourismuswirtschaft etc.).

Beispiele von Studien, Statistiken, Leitfäden etc. von kulturspezifischen Verbänden und Institutionen

- Deutscher Kulturrat e. V.: Studien und Positionspapiere
- Deutscher Museumsbund e. V.: Museumsstatistik, Leitfäden und Handreichungen für die praktische Museumsarbeit, etc.
- Deutscher Bühnenverein: Kulturpolitische Statements, jährliche Werk- und Theaterstatistik, etc.

- unisono Deutsche Musik- und Orchestervereinigung e. V.: Kulturpolitische Statements, Projektberichte, etc.
- Kulturpolitische Gesellschaft e. V.: Mitteilungen zu diversen Themen, Arbeitsmaterialien etc.
- KM Kulturmanagement Network GmbH: Diverse Leitfäden, z. B. zu Kultur & Tourismus, Besucherforschung und Evaluation usw.

Beispiele von Leitfäden, Konzeptionen, Publikationen etc. von Tourismusorganisationen/-verbänden und den entsprechenden Ministerien

- Tourismus NRW e. V.: „Kultur.Tourismus Ein Praxisleitfaden" (2019)
- Tourismusverband Mecklenburg-Vorpommern e. V. (TMV): Landestourismuskonzeption sowie diverse Publikationen
- Tourismusverband Schleswig–Holstein e. V. (TVSH): Jahresberichte, Positionspapiere etc.
- Ministerium für Wissenschaft, Forschung und Kultur Brandenburg (MWFK) in Zusammenarbeit mit der TMB Tourismus-Marketing Brandenburg GmbH: „Kulturtourismus in Brandenburg. Leitfaden" (2013)

Zusammenfassend ist festzuhalten, dass eine Fülle an Studien existiert, die Informationen zu kulturmarketing-, kulturtourismus- und besucherforschungsrelevanten Fragestellungen liefern. Allerdings ist immer zu prüfen

- durch *wen* die jeweilige Studie durchgeführt und/oder finanziert wurde (welche Eigeninteressen also u. U. bestehen) und
- ob das vorliegende Datenmaterial den eigenen Informationsbedarf tatsächlich hinreichend abdecken kann oder ob kulturbetriebs- bzw. kulturtourismusspezifische Besonderheiten (Standort, Besucherstruktur, Untersuchungsproblem etc.) die Verwendbarkeit zu sehr einschränken.

Problemspezifischer können Erhebungen der *Primärforschung* sein, bei der Informationsmaterial zum ersten Mal und speziell für ein konkretes Problem erhoben wird. Dies ist i. d. R. aufwendiger und dauert länger, kann aber das Informationsbedürfnis besser erfüllen. In den meisten Fällen wird es sinnvoll sein eine *Kombination* aus Primär- und Sekundärforschung vorzunehmen. In einem vorgelagerten Schritt können dann bspw. Sekundärinformationen grob analysiert werden. Ebenso wäre es z. B. möglich, dass die Ergebnisse aus

einer aktuell durchgeführten Besucherbefragung im eigenen Kulturbetrieb mit
den Ergebnissen von online verfügbaren Befragungen anderer Kulturbetriebe
verglichen werden. Zudem lässt sich von anderen Studien grundsätzlich lernen
(im Guten wie im Schlechten), z. B. hinsichtlich des Fragebogenaufbaus, der
Antwortmöglichkeiten, des Samples oder auch des Befragungszeitpunkts.

Eigenmarkt- vs. Fremdmarktforschung
Entscheiden sich Kulturbetriebe oder Tourismusorganisationen für die Durchführung einer Primärforschung, ist zu entscheiden, *wer* diese Besucherbefragung konzipiert und durchführt. Dafür stehen zwei Wege zur Verfügung. Die
betreffende Organisation/Institution kann diese als *Eigenmarktforschung,* also
ohne externe Unterstützung durchführen. Die Ressourcenausstattung entscheidet darüber, welche Kapazitäten, Know-how etc. hierfür zur Verfügung stehen.
Die Durchführung kann dabei entweder von eigenen Mitarbeitenden übernommen
und/oder durch den Träger unterstützt/durchgeführt werden.

Alternativ kann es für Kulturbetriebe und Tourismusorganisationen auch
sinnvoll sein, externe und unabhängige Expert/innen für die Durchführung,
Konzeption und/oder Auswertung hinzuzuziehen, also eine *Fremdmarktforschung*
durchzuführen. Ein solches Vorgehen ist insbesondere bei knappen Ressourcen
(Personal, Zeit, Know-how) bzw. angesichts der entstehenden Opportunität-
skosten sinnvoll. Darüber hinaus kann so die Legitimierungsfunktion der
Besucherforschung stärker in den Fokus gerückt werden. Mögliche Optionen für
geeignete externe Expert/innen sind:

• Allgemeine Marktforschungsinstitute,
• auf den Kulturbetrieb bzw. -tourismus spezialisierte Besucherforschungsun-
  ternehmen, Unternehmensberatungen bzw. Agenturen,
• Hochschulen mit Schwerpunkt Kulturmarketing/Kulturtourismus und
  Besucherforschung (wie bspw. das Institut für Kulturmanagement der
  PH Ludwigsburg).

Bei der Identifizierung geeigneter Partner/innen sind folgende Auswahlkriterien
hilfreich:

• Nachweisliche Erfahrung und Spezialisierung,
• Referenzen und/oder Empfehlungen,
• Einräumung von Mitspracherechten bzw. Kontrollmöglichkeiten und
• eigene Erfahrungen aus anderer Zusammenarbeit bzw. eine gute „Chemie"
  zwischen Auftraggeber/innen und Auftragnehmer/innen.

> **Evaluation der Education-Arbeit in professionellen Orchestern Baden-Württembergs**
> Zwischen Oktober 2019 und Januar 2020 wurde vom Institut für Kulturmanagement Ludwigsburg eine Besucherforschungsstudie durchgeführt, um das (Nicht-)Nutzungsverhalten in Bezug auf Vermittlungsangebote von Orchestern sowie die Bedürfnisse und Erwartungen von Nutzer/innen an jene Angebote zu evaluieren. Hierfür wurden über 1500 Besucher/innen des Philharmonischen Orchesters Heidelberg, des Württembergischen Kammerorchesters Heilbronn und der Württembergischen Philharmonie Reutlingen befragt. Kooperationspartner waren das Ministerium für Wissenschaft, Forschung und Kunst Baden-Württemberg, die Gesellschaft zur Verwertung von Leistungsschutzrechten, die Deutsche Orchester Stiftung und der Deutsche Bühnenverein (Hausmann und Braun 2020).

Häufig ist eine *Kombination* aus Eigen- und Fremdmarktforschung sinnvoll. Die verantwortlichen Mitarbeiter/innen des Kulturbetriebes, der Tourismusorganisation o.Ä. können bspw. in einem ersten Schritt das Sekundärmaterial (z. B. aktuelle Besuchsstatistiken) sichten. Hieran anschließend könnte ein Erstgespräch mit potenziellen externen Partner/innen geführt werden.

1.4 Entscheidung über die Art der zu erhebenden Daten

Stellt sich heraus, dass das Erkenntnisziel der geplanten Befragung *deskriptiv* oder *kausal* ist, also Vermutungen bzw. Hypothesen bestätigt oder widerlegt werden sollen, empfiehlt sich die Generierung möglichst großer Datensätze mittels standardisierter Methoden, die repräsentative, verallgemeinerbare Aussagen über eine Grundgesamtheit (z. B. alle Besucher/innen eines Museums) ermöglichen. Im Ergebnis liegen aggregierbare, quantitative, d. h. numerische Daten vor (z. B. Häufigkeiten von Antworten). Durch ein entsprechendes Vorgehen können die Befragten (größtenteils) nicht frei antworten, sondern füllen einen Fragebogen mit vorgegebenen Antwortmöglichkeiten aus, der dem Publikum z. B. nach dem Ausstellungsbesuch ausgehändigt, den Abo-Inhaber/innen per E-Mail zugesandt oder online auf der Webseite eines Kulturbetriebs und/oder einer Tourismusorganisation ausgefüllt wird (s. ausführlich Kap. 2). Wenngleich in diesem essential die schriftliche, quantitative Befragung im Vordergrund steht, so sei dennoch herausgestellt: Sowohl quantitative als auch qualitative Daten können wichtige Impulse für Kulturmarketing und Kulturtourismus geben. Es ist also nicht so, dass erst durch die statistische Analyse einer hohen Anzahl an Daten wissenschaftlich belastbare Aussagen getroffen werden können, sondern dass auch qualitative Untersuchungen wertige Informationen über das Publikum liefern können. Auch eine *Kombination* von qualitativen und quantitativen Methoden im Rahmen desselben Forschungsprojektes (Mixed Methods), ist möglich und in vielen Fällen sogar zu empfehlen. Zu unterscheiden sind dabei folgende Formen:

1. *Qualitativ-quantitativer Methodenmix:* I. d. R. wird unter Mixed-Methods eine Kombination verstanden, in der die qualitative Studie (z. B. Interviews) *vor* der quantitativen Studie (z. B. schriftliche Besucherbefragung) durchgeführt wird.
2. *Quantitativ-qualitativer Methodenmix:* Es ist aber auch andersherum möglich und in bestimmten Kontexten sinnvoll, z. B. um weiterführende Informationen über Ergebnisse, die eine quantitative Befragung zutage gefördert hat (z. B. hohe Unzufriedenheit mit einem Serviceaspekt) zu gewinnen.

Ein solcher Methodenmix ist jedoch deutlich aufwändiger und wird deshalb in der Praxis des Kulturmarketing und Kulturtourismus selten vorgenommen. *Keinen* Methodenmix im o. g. Sinne stellt die Kombination von mehreren qualitativen oder quantitativen Verfahren in einer Studie dar (Kuckartz 2014, S. 33).

1.5   Instrumente und Untersuchungsdesign

1.5.1   Paper–Pencil- und Online-Befragungen

Schriftliche Besucherbefragungen können entweder im Paper–Pencil- oder Online-Format durchgeführt werden. Bei *Paper–Pencil-Befragungen* füllen die Teilnehmer/innen Fragebögen auf Papier aus. Der vorbereitete Fragebogen wird dabei i. d. R. vor Ort an potenzielle Proband/innen verteilt. Darüber hinaus kann ein Papierfragebogen auch per Post verschickt werden. *Online-Befragungen* hingegen werden via Internet durchgeführt. Für die Teilnahme wird den zu befragenden Personen ein Link zur Verfügung gestellt, der auf eine entsprechende Website führt. Ob sich eine Paper–Pencil- oder eine Online-Befragung für das eigene Vorhaben eignet, lässt sich u. a. anhand nachfolgender Parameter entscheiden:

- *Datenqualität:* Bei Online-Befragungen füllen die Teilnehmer/innen den Fragebogen online aus. Somit entfallen Übertragungs- und Erfassungsfehler, die beim manuellen Import von Offline-Daten ggf. auftreten. Darüber hinaus kann die Durchführung mithilfe der entsprechenden Software kontrolliert werden – bspw. in Form von Plausibilitätschecks zur Registrierung von unlogischen, inkonsistenten und fehlenden Antworten. Andererseits kann online kaum sichergestellt werden, dass der Fragebogen von den richtigen Personen ausgefüllt wird. Auch wird die Struktur der Grundgesamtheit häufig nicht ausreichend abgebildet (z. B. weil sich bestimmte Besuchersegmente nicht beteiligen wollen/können).
- *Unterstützung:* Eine schriftliche Befragung findet ohne intensive Unterstützung durch die Durchführenden statt. Werden die Fragebögen *vor Ort* durch geschultes Personal ausgeteilt, ermöglicht dies jedoch eine gewisse Unterstützung der Proband/innen, bspw. bei Verständnis- oder Vorgehensfragen. Bei Online-Befragungen fehlt diese Möglichkeit hingegen. Hier kann lediglich durch das Einfügen von Erklärtexten darauf hingewirkt werden, dass Missverständnisse vermieden werden.
- *Kontrolle:* Bei Paper–Pencil- kann leichter als bei Online-Befragungen kontrolliert werden, welche Person den Fragebogen tatsächlich ausfüllt, da dieser vor Ort an eine bestimmte Person ausgeteilt wird. Einen Sonderfall stellen hier lediglich die Paper–Pencil-Befragungen dar, bei denen den potenziellen Proband/innen ein ausgedruckter Fragebogen zugeschickt wird. In diesem Fall fehlt diese Kontrollfunktion.
- *Kostenfaktor:* Paper–Pencil-Befragungen müssen zunächst gedruckt und anschließend vor Ort verteilt oder an mögliche Teilnehmer/innen verschickt werden. Bei Online-Befragungen entfallen diese Druck- und/oder Versandkosten. Auch die Personalkosten sind bei Online-Befragungen günstiger, da diese in vielen Fällen nicht vor Ort (z. B. auf einem Tablet oder dem Smartphone) ausgefüllt, sondern eher online über einen Verteiler, Social Media usw. verschickt/gestreut werden. Zu guter Letzt entfällt bei einer Online-Befragung auch die Eingabe der Antworten in Datenmasken.
- *Räumliche und zeitliche Unabhängigkeit/Internationalisierung:* Online-Befragungen können einfacher, schneller, kostengünstiger und raumunabhängiger durchgeführt werden. Die Teilnehmer/innen können den Fragebogen simultan zu jeder Zeit und an jedem Ort beantworten. Auch die Landessprache kann angepasst werden. Online-Befragungen eignen sich deshalb im Vergleich zu Paper–Pencil-Befragungen auch besser für internationale Projekte und zur Ansprache geografisch verteilter Zielgruppen. Darüber hinaus können auch die Personen, die an der Befragung beteiligt

sind, an verschiedenen Orten und zu unterschiedlichen Zeiten am Projekt arbeiten.

- *Dauer der Realisierung:* Hinsichtlich der Dauer der Realisierung haben Online-Befragungen den Vorteil gegenüber Paper–Pencil-Befragungen, dass für die Umsetzung ein kürzerer Zeitraum benötigt wird. Das liegt u. a. an der Tatsache, dass die erhobenen Daten direkt auf dem Server gespeichert werden und damit unmittelbar verfügbar sind. Damit können zu jedem Zeitpunkt Echtzeitdaten abgerufen und Zwischenergebnisse präsentiert werden.

- *Repräsentativität:* Wie schon angesprochen, stellt das Erreichen einer ausreichend großen Repräsentativität aller Besuchergruppen eine der größten Herausforderungen dar. Damit bspw. nicht nur Internetnutzer/innen in die Untersuchung einbezogen werden, gehen deshalb einige Kulturbetriebe und Tourismusorganisationen dazu über, eine Kombination aus Online- und Paper–Pencil-Befragung anzuwenden. In solchen Fällen werden z. B. zusätzlich zu einer Online-Befragung auch Papierfragebögen verschickt. Es ist allerdings darauf hinzuweisen, dass ein solcher Methodenmix zu erhöhtem Aufwand führt und die Zusammenführung der Ergebnisse nicht ganz unproblematisch ist. Eine Alternative ist es, den zu Befragenden Tablets oder Multimediastationen anzubieten (auch diese Vorgehensweise ist allerdings – wegen der erforderlichen technischen Ausstattung – erheblich teurer als eine einfache Befragung mit Papierfragebögen).

Zur Kombination aus Paper–Pencil- und Online-Befragung – Beispiel aus der Praxis
Nicht-Besucherbefragung für das Neue Stadtmuseum Landsberg am Lech
   Im Rahmen einer im Jahr 2019 für das Neue Stadtmuseum Landsberg am Lech durchgeführten Studie wurden Nichtbesucher/innen befragt. Die Durchführung der Befragung fand außerhalb des Museums und bei verschiedenen Einrichtungen (u. a. Kultureinrichtungen, Sportveranstaltungen, Ämter) statt, um möglichst viele Zielgruppen zu erreichen (aktuelle und vergangene Besucher/innen, aber auch tatsächliche Nichtbesucher/innen). Zusätzlich zur *Paper–Pencil-Befragung im öffentlichen Raum* wurde eine *Online-Befragung auf der Webseite der Stadt* angeboten. Insgesamt erreichte die Befragung 652 Personen, 102 davon über die Online-Befragung (Kulturevaluation Wegner 2019).

Die o. g. Besonderheiten beider Befragungsmodi erlauben eine erste Einschätzung darüber, welche dieser beiden Möglichkeiten sich für die Durchführung der eigenen Studie mehr anbietet. Auf weitere Vor- und Nachteile bzw. Entscheidungshilfen wird in den folgenden Abschnitten eingegangen.

1.5.2 Festlegung des Untersuchungsdesigns

Die bisher getroffenen Entscheidungen ergeben zusammengefasst das Design einer Untersuchung. Das Studiendesign beschreibt die Konzeptualisierung des Untersuchungsprozesses und gibt Auskunft über die Art und Weise, wie die interessierende Ausgangsfrage in eine empirische Untersuchung umgesetzt werden soll:

- Was ist der Gegenstand der Studie?
- Mit welchem Erkenntnisinteresse bzw. Untersuchungsziel?
- Unter Einsatz welcher Methode(n) bzw. Instrumente?
- Bei welchen Untersuchungseinheiten/-objekten (Sample)?

Das Design legt offen, wie die Forscher/innen im Rahmen ihrer Studie methodisch vorgehen; Tab. 1.1 gibt hierzu ein praktisches Beispiel. Wie bereits an anderer Stelle hervorgehoben, ist das Studiendesign nicht nur auf das zu lösende Marketingproblem abzustimmen, sondern auch auf die in den betreffenden Kulturbetrieben und Tourismusorganisationen vorhandenen Ressourcen.

Tab. 1.1 Beispielhaftes Untersuchungsdesign für eine Online-Studie

Untersuchungsgegenstand	Merkmale, Nutzungsverhalten, Zufriedenheit und Wünsche von User/innen der Social Media-Kanäle einer Tourismusorganisation
Untersuchungsziel	Handlungsempfehlungen für die Social Media-Aktivitäten der Abteilung Digital identifizieren
Untersuchungstyp	Deskriptive Studie
Untersuchungsmethode	Quantitative (Primär-)Forschung
Untersuchungsinstrument	Schriftliche teilstandardisierte Online-Befragung
Untersuchungseinheiten	Stichprobe aus Social Media-User/innen

1.6   Festlegung des Samples

Wenn sich Kulturbetriebe und Tourismusorganisationen für die Durchführung
einer Besucherbefragung entscheiden, so ist in einem der ersten Schritt das
Sample auszuwählen. Insbesondere bei deskriptiven Studien, deren Ziel es ist,
möglichst genaue Aussagen über eine Grundgesamtheit zu gewinnen (z. B.
alle Besucher/innen einer Welterbestätte), muss das Sample diese in seiner
Zusammensetzung (Alter, Wohnort, Besuchshäufigkeit etc.) widerspiegeln.

Zur Festlegung eines Samples müssen zunächst die Untersuchungseinheiten
bestimmt werden, von denen die benötigten Daten erhoben werden sollen. Die
Grundgesamtheit entspricht dabei allen Personen, auf die sich die Aussagen einer
Untersuchung beziehen sollen. Wie viele dieser Personen berücksichtigt werden
können/sollen, entscheidet darüber, was für eine Untersuchungsform vorliegt:

- *Vollerhebung:* Eine Vollerhebung liegt vor, wenn die Grundgesamtheit aus
  einer kleinen bzw. gut abgrenzbaren Gruppe besteht, aus der alle Personen
  untersucht werden können (wenn z. B. alle Jahreskarteninhaber/innen befragt
  werden sollen).
- *Teilerhebung:* Bei einer Teilerhebung werden nur bestimmte Elemente der
  Grundgesamtheit berücksichtigt. Sie ist dann sinnvoll, wenn
  – die Grundgesamtheit zu groß ist, um alle Untersuchungseinheiten berück-
    sichtigen zu können (z. B. alle Besucher/innen eines Theaters oder alle
    User/innen des Instagram-Kanals einer Tourismusorganisation) oder
  – aufgrund von mangelnden Ressourcen oder schwieriger Erreichbarkeit
    keine Grundgesamtheit einbezogen werden kann.

Können nicht alle Personen befragt werden ist es notwendig, die Auswahl mithilfe
einer *Stichprobe* zu treffen, die explizit vorschreibt, in welcher Weise Mitglieder
einer Grundgesamtheit ausgewählt werden. So soll eine willkürliche Auswahl und
damit ein verzerrtes Befragungsergebnis vermieden werden. Die Anzahl der ein-
bezogenen Elemente wird als *Stichprobenumfang* oder *Samplegröße* bezeichnet.
Für die Festlegung einer geeigneten Stichprobe stehen verschiedene Auswahlver-
fahren zur Verfügung, die je nach *Eigenschaften der Grundgesamtheit* zum
Einsatz kommen sollten:

- Eine *homogene Grundgesamtheit* liegt dann vor, wenn sich alle Gruppen stark
  ähneln (z. B. alle Personen im Zeitraum xy, die eine Tourist-Information aufge-
  sucht haben). Aus diesen Gruppen werden dann per *einfacher Zufallsauswahl*
  Proband/innen ausgewählt, d. h. jede/r Proband/in aus der Grundgesamtheit

kann mit einer berechenbaren Wahrscheinlichkeit in die Stichprobe gelangen. Die Stichproben- bzw. Zufallsfehler können also statistisch exakt ermittelt und die Zufallsauswahl mithilfe alternativer Auswahltechniken, etwa durch Abzählverfahren (z. B. jede dritte Person, die eine Tourist-Information aufsucht), durchgeführt werden.

- Eine *heterogene Grundgesamtheit* liegt dann vor, wenn die Grundgesamtheit aus mehreren Untergruppen besteht, die unterschieden werden sollen (z. B. Bewohner/innen aus Großstädten, aus Kleinstädten und aus dem ländlichen Raum). Die Auswahl von Proband/innen kann hierbei auf unterschiedliche Weise erfolgen:
  - Häufig erfolgt eine *geschichtete Zufallsauswahl*, d. h. die Grundgesamtheit wird anhand eines Kriteriums oder mehrerer Kriterien (z. B. Wohnort) in homogene Teilgesamtheiten gesplittet und geschichtet. Aus den jeweiligen Teilgesamtheiten werden anschließend *einfache, zufallsgesteuerte Stichproben* gezogen. Im Vergleich zur reinen Zufallsauswahl ist der Zufallsfehler hier geringer.
  - Auch eine *bewusste Auswahl* der Stichprobe (z. B. nur Besucher/innen aus Großstädten) ist möglich. Die Untersuchung konzentriert sich dann bspw. auf typische oder extreme Fälle oder die Auswahl erfolgt danach, dass bestimmte Merkmale in der Stichprobe genauso häufig vorkommen wie in der Grundgesamtheit. Die Repräsentativität der Untersuchungsergebnisse kann hier jedoch ggf. durch eine subjektive Einflussnahme beeinträchtigt werden.

Vorbereitung und Durchführung einer Datenerhebung 2

2.1 Gestaltung eines Fragebogens

2.1.1 Grundlagen

Zunächst einmal ist im Fragebogen eine prägnante Sprache zu verwenden, d. h. kurze Sätze und konkrete, neutrale Fragen sind geboten. Zu vermeiden sind hingegen (angelehnt an Glogner-Pilz 2019, S. 48):

- doppelte Stimuli (Bsp.: „Gehen Sie gerne in Theater und Museen?"; hier kann die Ja/Nein-Antwort nur für beide abgegeben werden; es werden also u. U. falsche Antworten erzwungen),
- doppelte Verneinungen (Bsp.: „Sind Sie gegen eine Aufhebung staatlicher Kulturförderung?"; die komplizierte Formulierung erschwert die Beantwortung der Frage),
- mehrdimensionale Fragen, bei denen die Bejahung/Verneinung mehrere Interpretationen zulässt (Bsp.: „Ein aktiveres Tourismusmarketing macht unsere Region und deren Vielfalt bekannter, stellt aber eine Belastung für die vorhandene Infrastruktur dar. Stimmen Sie dieser Aussage zu oder nicht?"),
- Suggestivfragen, die Aussagen in eine Richtung lenken können (Bsp.: „Sind Sie auch der Meinung, dass …?") und
- Fragen, die überfordern könnten (Bsp.: „Wie viel Prozent Ihres Brutto-Einkommens geben Sie für Kultur aus?").

A. Hausmann und S. Schuhbauer, *Schriftliche Besucherbefragungen im Kulturmarketing und Kulturtourismus*, essentials, https://doi.org/10.1007/978-3-658-41338-5_2

17

Insgesamt sollte das Fragebogendesign benutzerfreundlich und übersichtlich gestaltet sein. Hilfreich hierfür sind, neben einer sachlogischen, benutzerfreundlichen Reihenfolge der Fragen (s. hierzu Abschn. 2.1.4), auch ein ansprechendes Design, ein großzügiges Format und eine ausreichend große Schrift. Darüber hinaus sollte das knappe Zeitbudget der zu befragenden Personen berücksichtigt werden. Eine typische schriftliche Befragung (z. B. zur Erhebung von Zufriedenheit, Strukturdaten etc.) sollte deshalb i. d. R. nicht mehr als ca. 15 min in Anspruch nehmen.

Besonderheiten bei Paper–Pencil-Fragebögen
Zwar können Paper–Pencil-Befragungen auch per Post verschickt werden, die Regel wird aber sein, dass die Fragebögen vor Ort ausgeteilt werden, bspw. während der Pause eines Konzerts oder im Eingangs-/Ausgangsbereich einer Garten- oder Schlossanlage. Es ist zu beachten, dass i. d. R. nur wenig Zeit zum Ausfüllen des Fragebogens zur Verfügung steht, da die meisten Besucher/innen den Ort zügig verlassen (z. B. weil das Parkhaus bald schließt oder weitere Aktivitäten geplant sind). Bei der Gestaltung der Fragebögen ist also darauf zu achten, dass diese kurz und prägnant auf die entscheidenden Themen fokussiert bleiben.

Besonderheiten bei Online-Fragebögen
Einer der großen Vorteile von Online-Befragungen liegt in den erweiterten technischen Möglichkeiten bei der Gestaltung des Fragebogens. Hierzu gehören u. a.

- eine adaptive Frageführung (auf Grundlage der erfassten Daten werden z. B. neue Filterfragen gebildet),
- eine Rotation von Fragen oder Antwortmöglichkeiten,
- interaktive Fragebogenelemente (z. B. Schieberegler, Fortschrittsbalken),
- Multimedia-Funktionen (Fragebögen können durch Bilder, Texte, Audio- und Videomaterial ergänzt werden) sowie
- die Möglichkeit für Vollständigkeits- und Plausibilitätschecks (mithilfe derer geprüft werden kann, ob die Teilnehmer/innen alle Fragen vollständig und widerspruchsfrei beantwortet haben. Sollte dies nicht der Fall sein, können Warnhinweise verschickt und die Person kann an der Fortsetzung gehindert werden).

Gleichzeitig ist bei der Erstellung von Online-Fragebögen jedoch auch auf eine übersichtliche Darstellungsweise zu achten. Bilder, Audio- und Videomaterial sollten bspw. nur dann verwendet werden, wenn sie die Beantwortung der Fragen erleichtern. Des Weiteren muss, abhängig von Länge und Komplexität des Fragebogens, entschieden werden, wie viele Fragen auf einer Seite angezeigt werden sollen. Lange Bildschirmseiten, auf denen die Befragten entsprechend lange scrollen, sollten grundsätzlich vermieden werden.

Ein weiterer wichtiger Unterschied zu Paper–Pencil-Befragungen ist, dass Probleme in der Darstellung in den meisten Fällen zum sofortigen Abbruch aufseiten der Befragten führen. Der Fragebogen sollte deshalb im Vorfeld auf verschiedenen Geräten und Browsern und in verschiedenen Auflösungen geprüft werden. Des Weiteren ermöglichen Online-Befragungstools zwar häufig Vollständigkeits- und Plausibilitätschecks, jedoch sollten auch diese mit Bedacht eingesetzt werden, da (zu) häufige Fehlermeldungen und Hinweise die Teilnehmer/innen irritieren und Abbrüche auslösen können (Wagner & Hering 2014, S. 668).

2.1.2 Art der Fragen

Beim Design eines Fragebogens sind Entscheidungen über die Art der Fragen zu treffen:

- *Offene Fragen* verfügen über keine vordefinierten Antwortkategorien, sondern die Antworten können weitgehend frei formuliert werden (z. B. „Welche kulturtouristischen Angebote sollte unsere Region ausbauen? Bitte notieren Sie bis zu drei Vorschläge").
- Bei *geschlossen Fragen* werden Antwortkategorien vorgegeben. Eingesetzt werden hierbei u. a. dichotome Ja/Nein-Fragen (Bsp.: „Kennen Sie unsere Instagram-Seite?") oder Alternativfragen (Bsp.: „Welcher der folgenden beiden Aussagen stimmen Sie eher zu?"). Häufig müssen die Teilnehmer/innen ihre Meinung auch einstufen – entweder im Rahmen von Ratingfragen (z. B. von „sehr zufrieden" bis „gar nicht zufrieden") oder Rankingfragen (Befragte geben in einer Reihenfolge an, wie wichtig ihnen die Themen sind).

Offene Fragen bieten den Vorteil, dass die Proband/innen detailliertere oder nicht erwartete Informationen preisgeben. Geschlossene Fragen verfügen über den Vorteil, dass sie schneller und einfacher auszuwerten sind. Grundsätzlich sind auch Kombinationen denkbar, so genannte *halboffene Fragen*. So können bspw. Bewertungen noch einmal begründet (s. Abb. 2.1) oder um zusätzliche Informationen ergänzt werden (z. B. durch die Antwortmöglichkeit „Sonstiges", s. Abb. 2.2).

Wie zufrieden sind Sie mit dem Service in der Schlossgastronomie?

☐ Sehr zufrieden
☐ Zufrieden
☐ Weder noch
☐ Unzufrieden
☐ Sehr unzufrieden

Wenn Sie mit dem Service in der Schlossgastronomie unzufrieden waren, dann nennen Sie bitte die Gründe hierfür:
_____
_____

Abb. 2.1 Ratingfrage mit einer Kombination aus geschlossener und offener Fragestellung

---

Haben Sie heute alleine oder in Begleitung unser Kloster besucht?
☐ alleine
☐ mit Partner/in
☐ mit Familie
☐ mit Kolleg/innen, Freund/innen, Bekannten
☐ mit einer organisierten Gruppe
☐ sonstiges, nämlich: _____

Abb. 2.2 Geschlossene Frage mit Ergänzung einer offenen Antwortkategorie

Geschlossene Fragen können in Fragen mit Einfach- und Mehrfachantworten unterschieden werden:

- *Einfachantworten:* Die Befragten können nur eine Antwort auswählen. Dabei sind zum einen Antworten auf dichotome Fragen möglich, d. h. es gibt nur zwei Antwortoptionen, die sich ausschließen (z. B. „Kennen Sie das Museum XY?" mit den Antwortmöglichkeiten „ja" oder „nein"). Zum anderen können auch Antworten auf Alternativfragen gewünscht sein, d. h. es ist eine von zwei oder mehr Antwortmöglichkeiten auszuwählen (z. B. „Welcher der beiden Aussagen stimmen Sie zu: 1. Die öffentliche Hand muss sich stärker für Kultur engagieren. 2. Für das kulturelle Leben muss die Unterstützung von privater Seite ausreichen.").
- *Mehrfachantworten:* Es können beliebig viele Antworten (z. B. „Bitte kreuzen Sie alle Informationskanäle an, die Sie im Vorfeld Ihres Besuchs genutzt haben") oder eine begrenzte Anzahl an Antworten (Wortlaut z. B. „Bitte

wählen Sie max. 3 Antworten aus") angekreuzt werden. Bei der späteren Auswertung (s. hierzu Kap. 4) ist darauf zu achten, dass die Zahl der Nennungen 100 % überschreitet.

Weiterhin sollte bei geschlossenen Fragen darauf geachtet werden, dass Antwortkategorien verwendet werden, die über folgende Eigenschaften verfügen (s. hierzu auch Glogner-Pilz 2019, S. 36):

- die Antwortkategorien sind disjunkt, d. h. sie überschneiden sich nicht (Bsp.: Wird nach der Häufigkeit von Kulturbesuchen gefragt und es gibt die Antwortmöglichkeiten 1–3 und 3–5 wären die Kategorien nicht disjunkt, da „3" doppelt vorkommt) und
- die Antwortkategorien sind exhaustiv/erschöpfend, d. h. alle möglichen Antworten werden abgedeckt (Bsp.: Wird nach der Häufigkeit von Kulturbesuchen gefragt und es gibt die Antwortmöglichkeiten 1–3 und 4–5 wären die Kategorien nicht exhaustiv/erschöpfend, weil Personen, die 0 oder mehr als 5 mal in einer Kultureinrichtung waren, sich keiner Kategorie zuordnen könnten).

Neben dem Einsatz der o. g. Fragetypen lassen sich zusätzlich *Filterfragen* verwenden, die nur von jenen Proband/innen beantwortet werden (können), auf die diese Frage zutrifft. Wenn Befragte z. B. angeben, dass sie noch nie an der Konzerteinführung eines Orchesters teilgenommen haben, werden die Fragen zur Bewertung und Verbesserung dieses Formats ausgeblendet. Filterfragen können sowohl bei Paper–Pencil- als auch bei Online-Befragungen eingesetzt werden. Ihr Einsatz im Rahmen von Online-Befragungen hat den Vorteil, dass die eingesetzte Software die Filterführung übernimmt und nicht relevante Fragen automatisch übersprungen werden. Bei Paper–Pencil-Befragungen ist der Einsatz auch möglich, allerdings nur in begrenztem Umfang, da Filterfragen im Paper–Pencil-Fragebogen auffallen bzw. nicht ausgeblendet werden können. Dabei muss sichergestellt werden, dass der Filtersprung auch (intuitiv) von den Proband/innen verstanden wird (Bsp.: „Haben Sie schon einmal an einer unserer Konzerteinführungen teilgenommen?" mit den Antwortmöglichkeiten „Ja"/ „Nein" und dem Verweis „Dann beantworten Sie bitte als nächstes Frage 8."). Zu viele Filterfragen kosten in einem Papierfragebogen nicht nur wertvollen Platz, sie können bei den Befragten außerdem den Eindruck erwecken, dass ihre Meinung weniger wichtig sei.

Besonderheiten bei Online-Fragebögen
Zusätzlich zu den bisher bereits genannten Vorteilen ermöglicht die Nutzung von Online-Fragebögen die Verwendung spezieller *Antwortformate.* Dazu gehören bspw. (u. a. Kuckartz et al. 2012):

- *Drop-Down-Listen:* Durch einen Klick auf einen Button (z. B. einen Pfeil) klappt eine Liste mit Antwortmöglichkeiten aus. Dieser Antworttyp kann den Fragebogen optisch verschlanken und übersichtlicher gestalten.
- *Radiobuttons:* Bei Radiobuttons kann nur eine von mehreren Antworten ausgewählt werden. So werden unerwünschte Mehrfachantworten verhindert.
- *Freitextfelder:* Der Einsatz von freien Feldern zur Beantwortung offener Fragen kann entsprechend dem erwünschten oder erwarteten Inhalt konfiguriert werden (z. B. durch Beschränkung der Wörterzahl). Die entsprechende Konfiguration hat Einfluss auf die Darstellung der Freitextfelder, die wiederum das Antwortverhalten der Teilnehmer/innen beeinflusst. Ein sehr großes Textfeld kann bspw. zu einer langen und ausführlichen Antwort animieren, gleichzeitig auch überfordern.

2.1.3   Skalierung der Antwortkategorien

Auch die *Skalierung* der Antwortkategorien stellt einen kritischen Faktor im Hinblick auf die spätere Auswertung und Aussagekraft der Ergebnisse dar. Mit Skalierung ist die Konstruktion einer Skala zur Messung bestimmter Merkmalsausprägungen (z. B. Grad der Zufriedenheit) gemeint. Die Bedeutung der Skalierung steht im Zusammenhang mit der Messung von subjektiven Sachverhalten (bspw. auch Einstellungen und Motive). Diese qualitativen, nicht beobachtbaren Sachverhalte müssen zunächst in quantitative Größen überführt werden, bevor sie erfasst und gemessen werden können. Hierfür muss zunächst definiert werden welche Indikatoren von Interesse sind (z. B. Festivalbesuch) und welche Dimensionen (zeitlich, inhaltlich, Nutzungssituation) diesbezüglich abgefragt werden sollen (z. B. Art des Festivals, Anzahl der Besuche, Anlass des Besuchs). Anschließend werden die Variablen und dann deren Ausprägungen festgelegt.

Für die Realisierung einer Transformation von qualitativen in quantitative Größen wird in der Besucherforschung auf *Rating-Skalen* zurückgegriffen (s. hierfür auch Abschn. 2.1.2), die aus einem Kontinuum von in gleichen Abständen aneinandergereihten numerischen, verbalen oder graphischen Werten bestehen. Auf dieses Kontinuum werden die von den Befragten wahrgenommenen Merkmals-ausprägungen (z. B. ihre Zufriedenheit mit Kulturangeboten) abgetragen. Die Ausgestaltung solcher Skalen kann dabei unterschiedliche Formen haben:

- *Symmetrische Skala:* Auf beiden Seiten vom (neutralen) Mittelpunkt ist eine gleich große Anzahl an Antwortkategorien (Bsp.: „sehr zufrieden – zufrieden – weder noch – unzufrieden – sehr unzufrieden").
- *Asymmetrische Skala:* Entweder im positiven oder im negativen Bereich liegen mehr Bewertungspunkte (Bsp.: „sehr zufrieden – zufrieden – weder noch – unzufrieden").

Mit der Verwendung asymmetrischer Skalen kann die Gefahr einer Antwortver-zerrung verbunden sein. Daher empfiehlt sich i. d. R. die Nutzung symmetrischer Skalen. Den Befragten sollten dabei nicht mehr als fünf oder sieben Beurtei-lungsstufen vorgegeben werden, um ihre Fähigkeit einen Unterschied zwischen zwei Optionen zu erkennen, nicht zu überfordern. Bei Befragungen mit dem Schwerpunkt Besucherzufriedenheit kann es darüber hinaus sinnvoll sein, die Zufriedenheitsskala um eine Skala zu ergänzen, die den Befragten eine Aussage über die *Wichtigkeit* einer Leistung für ihr Besuchserlebnis o. Ä. ermöglicht („ist mir sehr wichtig", „ist mir nicht wichtig", etc.). Die Studie gewinnt hierdurch an Genauigkeit – z. B. indem positive Zufriedenheitswerte bei weniger wichti-gen Leistungen nicht die Unzufriedenheit in Bereichen, die eine höhere Priorität genießen, aufwiegen. (Verbesserungs-)Maßnahmen sollten entsprechend in sol-chen Bereichen ergriffen werden, die dem Publikum besonders wichtig sind *und* mit denen es unzufrieden ist.

Eine besondere Form der Skalierung stellt das sogenannte *semantische Dif-ferential* dar, das sich auch für die Imageforschung von Kulturbetrieben und Tourismusorganisationen eignet. Ein semantisches Differential wird zur Mes-sung von mehrdimensionalen Beurteilungen einer oder mehrerer Eigenschaften eines Objektes durch die Proband/innen genutzt. Die Einschätzung durch die Proband/innen erfolgt anhand von Gegensatzpaaren (wie z. B. „modern – tra-ditionell", „teuer – preiswert" oder „renommiert – unbedeutend").

Der Aussagewert dieser Methode liegt darin, dass die Mittelwerte aller Ant-worten graphisch so miteinander verbunden werden, dass ein *Eigenschafts-* bzw. *Polaritätenprofil* entsteht (s. Abb. 2.3). Durch die Erstellung eines solchen Profils können sich Kultureinrichtungen und Tourismusorganisationen mit potenziel-len Wettbewerbern vergleichen und hierdurch wichtige Informationen über die Konkurrenz gewinnen (Butzer-Strothmann et al. 2001, S. 65 f.). Des Weiteren

Mit welchen Begriffen würden Sie unser Festivalangebot eher beschreiben?							
	trifft voll zu		weder…noch		trifft voll zu	Jugendliche: _____ Erwachsene: …………..	
Modern	O	O	O	O	O	O	O	Traditionell
Teuer	O	O	O	O	O	O	O	Preiswert
Anspruchsvoll	O	O	O	O	O	O	O	Anspruchslos
Renommiert	O	O	O	O	O	O	O	Unbedeutend
…								…

Abb. 2.3 Polaritätenprofil. (In Anlehnung an Glogner-Pilz 2019, S. 47)

lässt sich bei einer Wiederholung der Befragung zu einem späteren Zeitpunkt herausfinden, ob sich das Image verändert hat.

Wesentlicher Vorteil bei der Erstellung eines solchen Profils ist auch, dass sich durch die Gegenüberstellung von Profilen unterschiedlicher Besucher/innen wichtige Hinweise für die Besuchersegmentierung gewinnen lassen, die sich mit einer detaillierten Analyse der Nachfrage befasst. Im Mittelpunkt steht dabei die Identifizierung von Besuchersegmenten, die sich hinreichend voneinander unterscheiden, wozu Erkenntnisse aus der Besucherforschung benötigt werden. Anschließend werden aus den identifizierten Segmenten jene ausgewählt, die tatsächlich bearbeitet werden sollen. Im Weiteren werden die Besuchersegmente dann bedürfnisgerecht mit Maßnahmen aus dem Marketing-Mix adressiert.

2.1.4   Reihenfolge der Fragen

Beim Aufbau des Fragebogens sollte auf eine logische Reihenfolge der Fragen geachtet werden. Den Fragen wird dabei zunächst ein kurzer *Einführungstext* vorgeschaltet, in dem die Befragten freundlich angesprochen und mit dem Thema der Befragung vertraut gemacht werden. Diese Erläuterungen enthalten i. d. R. Informationen zu folgenden Punkten:

- Angaben zum Thema und Ziel der Befragung (Bsp.: Erfassung der Zufriedenheit mit Kern- und Zusatzleistungen, Untersuchung des Informationsverhaltens etc.),

- Angaben zu den Projektverantwortlichen (Bsp.: Kulturbetrieb/Tourismusorganisation alleine oder mit Träger, Verband, Hochschule etc.),
- kurze Erläuterung von Antworten und Skalen (ggf. Hinweis, dass es keine „falschen" Antworten gibt),
- Zusicherung an die Befragten, dass die Daten vertraulich behandelt und nur im Rahmen der Untersuchung verwendet werden bzw. dass ein Rückschluss auf einzelne Personen bei der Auswertung nicht möglich ist,
- Angaben zur ungefähren Bearbeitungszeit und
- Dank für die Unterstützung.

Ein solcher Text dient auch dazu, die Proband/innen zu einer Teilnahme zu motivieren. So kann einer möglicherweise geringen Responsequote (s. Abschn. 1.3) entgegengewirkt werden. Neben den o. g. Punkten kann eine solche Motivation auch durch das Schaffen von Anreizen, wie z. B. Preisausschreiben oder „give aways", gefördert werden. Auf solche Anreize kann direkt zu Beginn der Befragung hingewiesen werden (im Einführungstext oder durch jene Personen, die die Fragebögen verteilen).

Darüber hinaus kann durch so genannte Einleitungs-, Kontakt- und Eisbrecherfragen die Befangenheit aufseiten der Teilnehmer/innen verringert bzw. die Auskunftsbereitschaft gefördert werden. Gleichzeitig liefern diese Fragen erste wichtige Informationen, bspw. zum Besuchsstatus oder auch zum Informationsverhalten (s. Tab. 2.1). Zu Beginn zu vermeiden sind schwierige Fragen oder Fragen mit negativer Konnotation (Bsp.: „Was gefällt Ihnen an unserem Festival nicht?"). Auch soziodemografische Daten und schwierige/unangenehme Fragen (wie z. B. nach dem Einkommen) sollten erst gegen Ende abgefragt werden. So könnten bei einem evtl. Abbruch die bis dahin bereits beantworteten Fragen u. U. dennoch verwertet werden (Glogner-Pilz 2019, S. 50).

Den Hauptteil der Befragung stellen dann die *Sachfragen* dar, die sich auf den eigentlichen Untersuchungsgegenstand beziehen. Bei einer Zufriedenheitsbefragung können z. B. Kategorien wie die Zufriedenheit mit dem Informationsangebot, mit Servicemerkmalen oder auch mit inhaltlich-künstlerischen Merkmalen (s. Tab. 2.2) abgefragt werden. Werden in einer Befragung mehrere Themen angesprochen, empfiehlt es sich, die Fragen zu bündeln. Darüber hinaus sollte bedacht werden, dass zuerst gestellte Fragen auf nachfolgende Fragen ausstrahlen und deren Antwort beeinflussen könnten (Bsp.: Zufriedenheit mit der Kultureinrichtung und dann im Anschluss Bereitschaft zum ehrenamtlichen Engagement.

Tab. 2.1 Beispiele für Einleitungs-/Kontakt-/Eisbrecherfragen

Frage	Antwortmöglichkeiten
Wie häufig besuchen Sie …?	Ich bin heute zum ersten Mal da; mehrmals im Monat, 1 × im Monat, alle 2–3 Monate, 1–2 × im Jahr, seltener
Wie haben Sie sich über … informiert?	Website, Social Media, Internet (z. B. Blogger/innen), Plakate, Kritiken Spielzeitheft, Monatsspielplan, Anzeigen, Empfehlungen, Anregungen durch Schule/Bildungseinrichtung, Sonstiges *Hinweis:* Mehrfachantworten möglich
Was sind Ihre Erwartungen an den Besuch von …?	Unterhaltung, Wissenserweiterung, Entspannung, Anregungen zu politischen Themen, etwas „live" erleben, hohe künstlerische/inhaltliche Qualität, Lieblingskünstler/in sehen, Leute treffen, etwas, wovon anderen erzählt werden kann, Sonstiges *Hinweis:* Mehrfachantworten möglich
Sind Sie heute alleine oder in Begleitung gekommen? *Oder:* Mit wem haben Sie … besucht?	Ich war alleine hier; mit Partner/in, Kind/ern, anderen Familienangehörigen, Freund/innen/Bekannten/Kolleg/innen, einer organisierten Gruppe etc.; Sonstiges *Hinweis:* Mehrfachantworten u. U. möglich
Mit welchem Verkehrsmittel sind Sie heute zum … gekommen?	Zu Fuß, mit dem Fahrrad, PKW, Taxi, ÖPNV, Sonstiges

Tab. 2.2 Beispiele für Sachfragen bei einer Zufriedenheitsbefragung

Zufriedenheitskategorie	Antwortmöglichkeiten
Zufriedenheit mit dem Informationsangebot	Website, Social Media, Newsletter, Spielplan, etc.
Zufriedenheit mit Servicemerkmalen	Kartenvorverkauf, Sauberkeit (Eingangsbereich, sanitäre Anlagen etc.), Gastronomie, Parkplatzsituation, Anbindung ÖPNV, Freundlichkeit des Personals etc.
Zufriedenheit mit inhaltlich-künstlerischen Merkmalen	Bestuhlung, Akustik, Raumtemperatur, Beleuchtung, Programmeinführung etc.

Tab. 2.3 Beispiele für Fragen zur Besucherstruktur

Kategorie	Antwortmöglichkeiten
Geschlecht	weiblich, männlich, divers, keine Angabe
Wohnort	Ort/Stadt, Umland/Region, Bundesland, anderes Bundesland, Ausland
Alter	offenes Antwortfeld oder online auch Auswahl des Jahrgangs (Mittelwertbildung möglich); geschlossenes Antwortfeld bzw. Alterskategorien (keine Mittelwertbildung möglich)
höchster Bildungsabschluss	Universitäts-/Fachhochschulabschluss, Abitur, Fachhoch-/Fachoberschulreife, Mittlere Reife, Volks-/Hauptschule, (noch) kein Abschluss
Beruf	Schüler/in, Student/in, Auszubildende/r, (Fach-)Arbeiter/in, Angestellte/r, Beamte/r, Freiberufler/in bzw. Selbständige/r, Hausfrau/mann, in Berufsausbildung, Ruhestand, arbeitssuchend, Elternzeit

Insbesondere, aber nicht nur bei den Sachfragen wird es zudem sinnvoll sein, eine Ausweichkategorie zu schaffen (z. B. „Kann ich nicht beurteilen", „Habe ich nicht genutzt" oder „Weiß ich nicht"). Damit wird verhindert, dass die Befragten den Fragebogen abbrechen oder eine beliebige Antwortoption wählen.

Zum Schluss des Fragebogens werden Fragen zu soziodemographischen und sonstigen Merkmalen gestellt. Da die Zusammensetzung des Samples von besonderer Bedeutung für die Qualität der Erhebung bzw. ihrer Ergebnisse ist, sollten grundsätzlich mehrere Strukturmerkmale erhoben werden (s. Tab. 2.3).

Praxiserfahrungen aus der Besucherforschung
Einige der soziodemographischen Merkmale sind relativ leicht prognostizierbar. So zeigen Untersuchungen immer wieder, dass das Kulturpublikum in Einrichtungen wie Museum, Oper und Theater tendenziell eher

- sehr gebildet,
- weiblich,
- in Deutschland geboren und
- eher älter ist sowie

- als Besuchsmotiv insbesondere Unterhaltung (Theater) und Bildung/Interesse (Museum) nennt (u. a. Föhl und Nübel 2016; Wegner 2016).

Im Bereich des Kulturtourismus sind die Besuchertypen meist heterogener, da auf Reisen oftmals auch Menschen, welche im Alltag als Nicht-Besucher/innen einzuordnen sind, kulturelle Angebote wahrnehmen. An dieser Stelle sei allerdings auf Pröbstle (2014, S. 303 ff.) zu verweisen, die in ihrer Untersuchung verschiedene Besuchstypen herausgearbeitet hat, welche sich in ihrem Besuchsverhalten, in ihren Interessen sowie in ihren soziodemographischen Merkmalen unterscheiden.

Abschließend können die Teilnehmer/innen an der Befragung um Verbesserungs-vorschläge oder Anregungen gebeten werden. Auch Informationen im Hinblick auf eine spätere Veröffentlichung der Ergebnisse können gegeben werden. Darüber hinaus ist es möglich, am Ende des Fragebogens Kontaktdaten anzugeben, z. B. von Mitarbeiter/innen, die Rückfragen beantworten können.

2.2   Durchführung von Pretests und Schulung des Personals

Wenn der Fragebogen in einer schlüssigen Fassung vorliegt, sollte vor dem Einsatz in der Kulturbetriebs- oder Tourismuspraxis zunächst ein Pretest durchgeführt werden. Bei diesem Pretest wird geprüft, ob sich das Untersuchungsinstrument und -design für die Durchführung tatsächlich eignet. Außerdem wird so die Validität (=Gültigkeit) der Untersuchung befördert. Der Pretest kann in zwei Schritten erfolgen:

1. Der Fragebogen wird zunächst von Expert/innen (z. B. Kolleg/innen, Projektbegleitung) geprüft und diskutiert.
2. Die hierbei u. U. überarbeitete Version wird anschließend unter möglichst realen Bedingungen getestet – idealerweise sogar von Besucher/innen.

Bei dieser Simulation der eigentlichen Haupterhebung können folgende Punkte geprüft und ggf. optimiert werden:

- Verständlichkeit und Vollständigkeit,
- Identifikation von überflüssigen, heiklen oder als inhaltlich zu gleichartig empfundenen Fragen,
- tatsächlich benötigte Zeit für die Beantwortung,
- Eignung des Settings: Befragungssituation/-ort, Technik,
- Notwendigkeit und Einsatz von weiterem Personal und
- Auswertungsprogramm und Verwertbarkeit der Daten.

Handelt es sich bei der geplanten Untersuchung um eine umfangreichere quantitative Studie sollte ein Pretest mit ca. zehn bis zwanzig Personen durchgeführt werden. Bei quantitativen Studien mit geringeren Fallzahlen ist ein Pretest mit ca. drei bis fünf Personen ausreichend (Glogner-Pilz 2019, S. 99). Abschließend sei darauf hingewiesen, dass die Daten aus dem Pretest aus methodischen Gründen nicht in die Gesamterhebung einbezogen werden dürfen.

Besonderheiten bei Paper–Pencil-Fragebögen
Bei Befragungen „vor Ort" ist das Personal des Kulturbetriebs oder der Tourismusorganisation (Kasse, Garderobe, Informations-Point, Aufsichtspersonal etc.) frühzeitig in das Befragungsprojekt einzubeziehen. Vor der Befragung sollten den Beschäftigten mögliche Ängste hinsichtlich der Durchführung genommen werden. Das Personal sollte deshalb im Hinblick auf folgende Punkte geschult werden:

- Wer wird angesprochen (Sample)? (z. B. nur Personengruppen mit Kindern; nur Individualreisende; ausgewogene Verteilung auf alle Gruppen)
- Wie ist das Setting? (z. B. Stehtische, Aufstellung von Behältern, Zurverfügungstellung von Stiften etc.)
- Was ist zu tun, wenn es nicht genug Rücklauf gibt? (z. B. zusätzliche Standorte zum Verteilen; Art der Ansprache anpassen; Give-Aways als zusätzlichen Anreiz, wie z. B. ein kostenloser Kaffee im Museums-Café)
- Was ist zu tun, wenn mehrere Befragte gemeinsam einen Fragebogen ausfüllen? (z. B. bereits vor dem Ausfüllen darum bitten, dass jede Person den Fragebogen für sich ausfüllt)
- Was ist bei Rückfragen der Befragten zu tun? (z. B. zusätzliches Informationsmaterial zur Verfügung stellen)
- Was passiert mit den ausgefüllten Fragebögen? (z. B. Durchnummerierung der Fragebögen, ggf. Versand an externe Berater/innen)

Der nachfolgende Infokasten enthält ein Beispiel aus der Praxis, das aufzeigt wie solche Schulungen aussehen können.

Vorbereitung der Besucherbefragung beim UNESCO-Welterbe Zeche Zollverein

In Vorbereitung einer Besucherbefragung, die vom Institut für Kulturmanagement, PH Ludwigsburg beim UNESCO-Welterbe Zeche Zollverein durchgeführt wurde, wurde vorab der Lage- und Anfahrtsplan von Zeche Zollverein analysiert, um geeignete Orte für die Positionierung der Befragungstische zu identifizieren. Darüber hinaus wurde ein Einsatzplan erstellt, indem genau festgelegt war, an welchen Kalendertagen welche Person die Verteilung der Fragebögen vor Ort übernehmen sollte. Außerdem wurde mit dem Team vor Ort vereinbart, dass die ausgefüllten Fragebögen wöchentlich an das Institut geschickt werden sollten. Alle o. g. Entscheidungen wurden in einem Letter of Intent (Absichtserklärung) festgehalten. Teil des Letter of Intents war auch das geplante Vorgehen bzgl. Give-Aways (Fruchtgummis) und zu befragender Personengruppe (z. B. keine großen Gruppen). Darüber hinaus wurden die beteiligten Mitarbeiter/innen mit einer Schulung auf die Besucherbefragung vorbereitet (gemeinsames Ablaufen der Befragungsorte, Ausfüllen einer Liste mit Teilnehmerzahlen etc. nach jedem Befragungstag, Regeln für die Befragung, gemeinsame Durchsicht des Fragebogens usw.).

Besonderheiten bei Online-Fragebögen

Bei Online-Fragebögen, die von den Teilnehmer/innen z. B. von zuhause oder unterwegs ausgefüllt werden können, entfällt zwangsläufig die Schulung von Personal. Es empfiehlt sich jedoch, am Ende eines jeden Fragebogens eine Ansprechperson zu nennen, bei der sich die Teilnehmenden bei Rückfragen melden können. Wird die Online-Befragung vor Ort durchgeführt (z. B. indem Tablets zur Verfügung gestellt werden oder die potenziellen Teilnehmer/innen einen QR-Code abscannen sollen), gelten die gleichen Voraussetzungen wie sie im vorherigen Absatz beschrieben wurden. Die Besonderheit hierbei stellt jedoch die Notwendigkeit des Vorhandenseins von technischem Know-How aufseiten des Personals dar. Nur so kann gewährleistet werden, dass die Befragten optimal betreut werden können.

2.3   Durchführung der Datenerhebung

Nach der Durchführung von Pretests und der Schulung des Personals kann mit der eigentlichen Datenerhebung begonnen werden. Je nach Untersuchungsinstrument und -design wird nun also entweder mit der Besucherbefragung vor Ort gestartet oder es wird der Link der Befragung freigeschaltet und/oder per Mail versendet/auf Social Media geteilt usw. Während der Datenerhebung sollte regelmäßig der Rücklauf überprüft werden. Was bei der Datenerhebung darüber hinaus noch zu beachten ist, ist abhängig vom Untersuchungsinstrument und -design.

Besonderheiten bei Paper–Pencil-Fragebögen
Eine Befragung vor Ort ermöglicht es den Durchführenden, potenzielle Proband/innen direkt anzusprechen und zur Teilnahme einzuladen. Dabei ist darauf zu achten, dass die angesprochenen Personen den Fragebogen tatsächlich (alleine) ausfüllen – und nicht etwa zusammen mit einer Begleitperson, von der sie sich z. B. beeinflussen lassen. Bei der gleichzeitigen Ansprache mehrerer Personen sollte ein eigener Fragebogen an jede einzelne dieser Personen ausgeteilt werden. Auch ein zusätzlicher Hinweis an die Teilnehmer/innen, dass diese den Fragebogen alleine ausfüllen sollten, kann hilfreich sein.

Ein weiterer wichtiger Punkt ist zudem, dass v. a. bei Besucherbefragungen, die auf kulturtouristisch genutzten Anlagen durchgeführt werden (bei denen es häufig keinen Kristallisationspunkt gibt) oder bei denen die Fragebögen verschickt werden, keine zu hohen Erwartungen an den Rücklauf gestellt werden sollten. Butzer et al. (2001, S. 18) weisen bspw. darauf hin, dass bei schriftlichen Befragungen erfahrungsgemäß mit einer Antwortquote von max. 30 % zu rechnen ist. Es müssten also 1000 Bögen verschickt werden, um ca. 300 zurückzubekommen. Gleichzeitig haben Paper–Pencil-Befragungen, die vor Ort durchgeführt werden, den großen Vorteil, dass potenzielle Teilnehmer/innen direkt angesprochen und zur Teilnahme ermuntert werden können, was die Responsequote positiv beeinflussen kann. Hierfür ist jedoch ein möglichst regelmäßiger Besucherfluss notwendig.

Besonderheiten bei Online-Fragebögen
Online-Befragungen stellen die Durchführenden vor die Herausforderung, dass durch das Verschicken/Veröffentlichen eines Links weniger leicht verhindert werden kann, dass die Teilnehmer/innen den Fragebogen mehrfach beantworten, obwohl IP-Adressen, Cookies und die Session-ID von der Befragungssoftware erfasst werden. Ein höherer Schutz vor mehrfacher Teilnahme kann nur durch

die Vergabe von individuellen Zugangscodes oder einmaligen Links erreicht werden. Dies setzt voraus, dass die zu Befragenden bekannt sind und individuell angeschrieben werden (z. B. Abonnent/innen).

Für die Beantwortung der Befragung benötigen die Teilnehmer/innen ein IP-netzbasiertes Endgerät, bspw. einen Computer, ein Smartphone oder ein Tablet. Die ausgefüllten Fragebögen werden anschließend direkt auf entsprechenden Servern gespeichert. Anschließend werden die Antworten mithilfe entsprechender Befragungssoftware ausgewertet oder in ein statistisches Datenverarbeitungsprogramm exportiert und dort weiterverarbeitet (s. Kap. 3). Die erhobenen Daten sollten zudem nur temporär auf den Server gespeichert werden und sind nach der Befragung auf lokalen Speichermedien zu sichern.

Während bei einer Paper–Pencil-Befragung vor Ort potenzielle Proband/innen direkt angesprochen und zur Teilnahme ermuntert werden können, ist dieser persönliche Kontakt bei Online-Befragungen zudem nur eingeschränkt möglich und entfaltet nur geringe Wirkung (z. B. Erinnerungshinweis per E-Mail). Hinzu kommt, dass Online-Befragungen deutlich schneller und häufiger abgebrochen werden, bspw. wenn die Eröffnungsfrage als zu anstrengend oder die Beantwortung als zu aufwendig empfunden wird. Dieses Problem kann durch monetäre Anreize (bspw. durch das Verlosen von Freikarten), nicht monetäre Anreize (bspw. durch einen Hinweis auf die ungefähre Dauer der Bearbeitung) oder das Verschicken von Erinnerungs-Nachrichten zwar gemildert werden, bleibt aber eine der entscheidenden Schwachstellen von Online-Befragungen.

Eine weitere Möglichkeit besteht darin, eine Online-Befragung zu konzipieren und deren Vorteile zu nutzen, die Befragung aber (zusätzlich auch) vor Ort durchzuführen. Das könnte bspw. dann interessant sein, wenn abgesehen von Newsletterabonnent/innen oder Follower/innen bei Social Media auch noch andere Zielgruppen erreicht/angesprochen werden sollen. Für eine solche Befragung müssen den Proband/innen dann jedoch Tablets o. Ä. zur Verfügung gestellt werden. Ebenfalls wäre es möglich, dass die Proband/innen ihre eigenen Smartphones nutzen, um den Online-Fragebogen auszufüllen. Dann muss jedoch in ausreichendem Maße auf den Link zur Befragung aufmerksam gemacht werden (z. B. durch Flyer und Plakate oder durch persönliche Ansprache). Zusätzlich zum Link könnte aber bspw. auch ein QR-Code erstellt werden, den die potenziellen Teilnehmenden scannen und der sie zur Befragung führt.

Datenaufbereitung und -auswertung 3

3.1 Datenaufbereitung

Die Art und der Umfang der Datenaufbereitung können je nach Datenform und Analysemethode sehr unterschiedlich ausfallen. Im Folgenden werden deshalb die jeweiligen Besonderheiten vorgestellt. Unabhängig von der Erhebungsmethode sollten bei jeder Befragung einige grundsätzliche Schritte berücksichtigt werden, mithilfe derer die optimale Auswertung der Daten im weiteren Verlauf gewährleistet werden soll (Scholl 2018, S. 186).

Zuerst erfolgt die *Datenübertragung* in eine geeignete Analyse- und Datenverwaltungssoftware, wie z. B. SPSS, SAS oder Excel. Mittlerweile sind die computergestützte Verarbeitung und Analyse von sowohl quantitativen als auch qualitativen Daten Standard. Die Datenübertragung ermöglicht die Kombination aus Datenerfassung und -analyse. Darüber hinaus bietet die Software verschiedenste Möglichkeiten zur statistischen Analyse, Datenselektion und -transformation sowie zur Darstellung der Ergebnisse (s. hierfür auch Abschn. 3.2.1).

In einem zweiten Schritt wird die *Datenbereinigung* durchgeführt, d. h. die Datensätze werden auf Fehler überprüft. Dabei ist zu entscheiden, wie mit einem Fehler verfahren wird, welche Daten/Datensätze also einbezogen, aussortiert oder ggf. korrigiert werden sollen. Zu beachten ist, dass die Entscheidung über den Umgang mit fehlenden Werten auch Auswirkungen auf die Auswertung hat. Werden verschiedene Typen von fehlenden Werten definiert, hat dies den Vorteil, dass diese getrennt voneinander erfasst und bei der Auszählung der Häufigkeiten unterschieden werden können. In diesem Fall wird für jeden Typ von Missing (fehlendem Wert) ein Code vergeben. Mögliche Missings könnten sein:

A. Hausmann und S. Schuhbauer, *Schriftliche Besucherbefragungen im Kulturmarketing und Kulturtourismus*, essentials, https://doi.org/10.1007/978-3-658-41338-5_3

- fehlende Angaben,
- verweigerte Angaben (Kategorie im Fragebogen „Keine Angabe"),
- Angabe nicht möglich (Kategorie im Fragebogen „Trifft nicht zu") oder
- Kategorien im Fragebogen wie „Weiß nicht", „keine Meinung" etc.

In der Praxis von Kulturmarketing und Kulturtourismus bietet es sich an, dass für die fehlenden Werte Missingcodes vergeben werden, die weit außerhalb des gültigen Wertebereichs liegen und in keiner Variable als reguläre Zahlenwerte vorkommen (z. B. −99). Das ist deswegen sinnvoll, weil bei der weiteren Datenanalyse sofort auffallen würde, wenn diese Werte fälschlicherweise in die Berechnung einbezogen würden (z. B. durch negative Mittelwerte). Auch bei Textvariablen (String-Variablen), also z. B. bei dem Feld „Sonstiges", sollten fehlende Werte definiert werden.

Besonderheiten von Paper–Pencil-Befragungen
Wie bereits in Abschn. 1.5.1 erwähnt, stehen Paper–Pencil-Befragungen vor der Herausforderung, dass die Ergebnisse (noch) nicht in digitaler Form vorliegen. Deshalb können die Daten nicht direkt importiert werden, sondern müssen zunächst händisch in ein Auswertungsprogramm übertragen werden. Hierfür muss zunächst eine Datenmaske angelegt werden, in der Angaben zu den einzelnen Variablen gemacht werden. I. d. R. wird eine Variable pro Item angelegt und jede Variable so benannt, dass anhand der Benennung klar ist, zu welcher Frage sie gehört.

Scanprogramme zur Datenübertragung
Inzwischen existieren Scanprogramme, die ausgefüllte Fragebögen scannen, die Daten also automatisch einlesen und damit die händische Übertragung ersetzen. Hierfür wird meist ein leerer Referenzbogen gescannt, der die Nennungsbereiche (Antwortkästchen, numerische Felder und freie Textfelder) definiert und die Basis für die Erstellung eines sog. Masters darstellt. Die im Folgenden automatisch erkannten Daten können dann direkt in einer Excel-Tabelle oder auch Datenbank ausgegeben werden. Anschließend werden die Daten entweder vom Anbieter des Programmes oder vom Durchführenden selbst mit der Software der Wahl aufbereitet, ausgewertet und analysiert. Allerdings ist die Anschaffung solcher Programme mit erheblichen Kosten verbunden. Hier lohnt es sich, verschiedene Anbieter zu recherchieren und abzuwägen, inwiefern Kosten und Nutzen in Relation

stehen. Insbesondere die Stichprobengröße kann hierbei als Entscheidungs-
merkmal herangezogen werden: Ein Scanprogramm lohnt sich vor allem
dann, wenn sehr große Befragungen mit mehreren Tausend Fragebögen
durchgeführt werden, für die idealerweise nur ein Master (eine Vorlage)
angelegt werden muss.

Allen Merkmalsausprägungen der einzelnen Variablen werden anschließend Zahlen zugeordnet. Es werden also Wertelabels erstellt, mithilfe derer einzelne
Variablen oder Variablenwerte beschrieben werden. Die Wertelabels definieren
dabei, was ein numerischer Code (also Wert) inhaltlich bedeutet. So könnte bspw.
bei der Variable ‚Ticketkauf' ein Wertelabel ‚Vorverkauf' mit dem numerischen
Code 1 und ein Wertelabel ‚Abendkasse' mit dem numerischen Code 2 definiert
werden. Wichtig ist eine möglichst eindeutige und klare Bezeichung der Werte,
auch weil im Auswertungsprogramm, z. B. SPSS, diese Wertbezeichnungen dann
auch dem Namen entsprechen, der in den Ergebnisdarstellungen angezeigt wird.
Hilfreich kann es dabei sein, bereits bei der Gestaltung des Papierfragebogens
Zahlen bei jeder Antwort zu ergänzen (s. Abb. 3.1). Diese Zahlen können dann
als numerische Codes für die Wertelabels und dementsprechend als Merkhilfe bei
der Datenaufbereitung fungieren.

Im Hinblick auf die Vergabe der Wertelabels gilt es zudem zu beachten, dass bei
Mehrfachantworten (z. B. einer Liste mit allen von den Befragten genutzten Infor-
mationskanälen) eine Variable für jede Antwortmöglichkeit erstellt werden muss
(z. B. jeweils codiert mit 0 = nein und 1 = ja). Wenn bei Skalen wiederum nur die
Endpunkte benannt worden sind, müssen auch nur hierfür Wertelabels angelegt
werden. In Abb. 3.2 wird bspw. abgefragt, wie abwechslungsreich die Besu-
cher/innen das kulturelle Angebot finden. Benannt wurden nur die Endpunkte
„überhaupt nicht abwechslungsreich" und „sehr abwechslungsreich", insgesamt

Planen Sie auch nach Ihrem Besuch die Social Media-Kanäle unserer Einrichtung zu nutzen?

☐   Ja, und zwar [1]

_____

☐   Weiß nicht [2]
☐   Nein [3]

Abb. 3.1 Vergabe von numerischen Codes für die Wertelabels im Fragebogen

Bitte geben Sie an, wie abwechslungsreich Sie das kulturelle Angebot in unserer Region finden.

Überhaupt nicht   Sehr
abwechslungsreich   abwechslungsreich

O   O   O   O   O   O

Abb. 3.2 Skala mit Endpunkten

sind jedoch 6 Kreise zum Ankreuzen vorhanden. Hier würden also z. B. nur für die beiden äußeren Wertelabels die numerischen Codes/Werte 1 und 6 vergeben werden.

In der Praxis wird bei einer Skala dabei i. d. R. immer so codiert, dass hohe Werte positiv und niedrige Werte negativ konnotiert sind. Eine Ausnahme hiervon stellen Skalen mit Schulnoten dar. Keine Wertelabel müssen für Variablen mit „echten Zahlen" als Werten (z. B. Alter in Jahren) definiert werden. Lediglich für Nicht-Antworten sollte auch hier ein Missingcode eingetragen werden.

Vor- und Nachteile eines Einsatzes von endpunktbenannten Skalen
Bei endpunktbenannten Skalen werden, im Gegensatz zu verbalisierten Skalen, nur die beiden Endpunkte genannt. Der Vorteil verbalisierter Skalen liegt darin, dass für die Proband/innen direkt ersichtlich ist, wie die einzelnen Abstufungen der Skala zu verstehen sind. Bei endpunktbenannten Skalen wird eine solche Diskriminationsfähigkeit erschwert – so kann es für die Proband/innen evtl. unklar sein, wie die einzelnen Zahlenwerte und ihre Abstände zu interpretieren sind. Gleichzeitig liegt die Herausforderung bei verbalisierten Skalen in der passenden Formulierung für die einzelnen Antwortmöglichkeiten (v. a. für die mittleren Punkte), die in gleichen Abständen zueinander liegen sollten. Bei der endpunktbenannten Skala wiederum entfällt dieses Problem. Des Weiteren sind die resultierenden Daten aus verbalisierten Skalen ordinal und können nicht als gleichständig betrachtet werden, wohingegen bei endpunktbenannten Skalen eine Intervallskalierung vorliegt, da die Skalenpunkte als gleichständig(er) betrachtet werden können.
Tipp: Falls endpunktbenannte Skalen zum Einsatz kommen sollen, ist dieser Skalentyp einheitlich und durchgängig im Aufbau des Fragebogens zu

verwenden. Zudem sollte die Anwendung der Skala verständlich erklärt werden.

Einen Sonderfall stellen Antwortoptionen im Fragebogen dar, die eine offene Antwort erlauben (z. B. „Sonstiges" oder „ja, und zwar"). In diesem Fall wird zunächst eine Variable für die ursprüngliche Frage (z. B. „Planen Sie auch nach Ihrem Besuch die genannten Medienangebote zu nutzen?") erstellt und es werden hierfür Wertelabels definiert (z. B. „1 = ja, und zwar", „2 = weiß nicht" und „3 = nein"). Nur so kann auch die offene Antwort in die Häufigkeitszählung der Frage einbezogen werden. Im Anschluss daran kann zusätzlich eine Variable für die offene Antwortkategorie (z. B. „ja, und zwar") erstellt werden. Für diese Variable werden dann meist keine Wertelabels vergeben, da es sich bei den Antworten um eine String-Variable (Zeichenfolge) handelt. Der/die Auswerter/in kann sich jedoch überlegen, ob die Antworten auch statistisch auswertbar gemacht werden sollen. In diesem Fall muss die auswertende Person alle Antworten durchgehen und sie nach bestimmten Kriterien einordnen. Für jede der so generierten Klassen kann dann z. B. eine dichotome Variable (z. B. mit den Ausprägungen 0 = nein und 1 = ja) angelegt werden.

Es empfiehlt sich zusätzlich, die Zuordnung der Zahlen und Wertelabels nicht nur innerhalb des Auswertungsprogramms vorzunehmen. Vielmehr sollte darüber hinaus auch ein sogenannter Codeplan angelegt werden, in dem alles dokumentiert ist (s. Tab. 3.1). Eine solche Übersicht ist insbesondere bei umfassenderen Erhebungen mit vielen Variablen hilfreich, einerseits zum Nachschlagen und andererseits zur Dokumentation.

Im Anschluss an das Anlegen einer Datenmaske kann mit dem Erstellen des Datensatzes begonnen werden. Die Daten können dann fall- oder variablenweise eingegeben werden. Eine variablenweise Eingabe ist bei Papierfragebögen jedoch oft mit sehr viel mehr Aufwand verbunden als eine fallweise Eingabe (Bsp.: Bei 1000 Fragebögen mit jeweils 10 Fragen muss bei fallweiser Eingabe 1000 Mal die Seite umgeblättert werden, bei variablenweiser Eingabe hingegen 10.000 Mal).

Wichtig ist, dass zuvor bereits festgelegt wurde, wie mit fehlenden Werten umgegangen werden soll. Auch eine stichprobenartige Fehlerkontrolle im Anschluss an die Dateneingabe ist zu empfehlen. Wenn die eingegebenen Daten überprüft und korrigiert wurden, kann mit den Berechnungen begonnen werden.

Tab. 3.1 Beispiel für einen Codeplan

Variablenname	Variablenlabel	Wertelabel	Variablentyp	Skala
1 Geschlecht	Geschlecht der Befragten	1 = weiblich 2 = männlich 3 = divers	Numerisch	Nominal
2 Zufriedenheit_während	Zufriedenheit während des Besuchs	1 = gar nicht zufrieden 2 = weniger zufrieden 3 = teils/teils 4 = zufrieden 5 = sehr zufrieden	Numerisch	Ordinal
3a Nutzung Medien _anschließend	Nutzung der Medienangebote im Anschluss an den Besuch	1 = ja, und zwar 2 = weiß nicht 3 = nein	Numerisch	Nominal
3b Nutzung Medien anschließend_Art	Nutzung der Medienangebote im Anschluss an den Besuchs – Art des Angebots	Keine	Zeichenfolge (String)	Nominal
…	…	…	…	…

Datenmaske anlegen und Datensatz erstellen am Beispiel von SPSS
Bei SPSS wird die Datenmaske in der ‚Variablenansicht' angelegt. Jede Zeile im Variableneditor steht für eine Variable. Pro Variable müssen alle Informationen

- zum Namen (Kurzversion),
- zum Typ (wenn Zahlencodes vergeben werden numerisch, alternativ Zeichenfolge (String) oder Datum; nur bei numerischen Daten sind alle statistischen Auswertungen und mathematischen Transformationen möglich),
- zur Beschriftung (Langversion der Frage),
- zu den Werten (Wertelabels der einzelnen Variablen werden hier definiert und ordnen den Werten eine Bedeutung zu),

- zu fehlenden Werten (Missing Codes werden hier definiert) und
- zum Messniveau (nominal, ordinal oder metrisch)

ausgefüllt werden. Hier werden also alle Variablen aufgeführt und können auch sortiert werden, indem einzelne Spalten markiert und dann auf- oder absteigend sortiert werden. Gerade die Möglichkeit zum Sortieren ist auch ein Vorteil von SPSS gegenüber bspw. Excel. Ein weiterer Vorteil ist, dass in SPSS bspw. viel mehr Informationen je Variable erfasst werden können.

Der Datensatz wiederum wird bei SPSS in der ‚Datenansicht' erstellt, in der die Daten eingetragen werden, die zum Auswerten bestimmt sind. Dabei steht jede Zeile für eine Untersuchungseinheit (z. B. eine Person), entspricht also einem Fragebogen. Jede Spalte wiederum steht für eine Variable (bzw. für die Merkmale der Person, z. B. Alter, Zufriedenheit usw.), entspricht also i. d. R. einer Frage oder einem Item.

Besonderheiten von Online-Befragungen
Ein deutlicher Vorteil bei der Aufbereitung von Daten aus Online-Befragungen ist, dass die Informationen direkt von den Teilnehmer/innen online eingegeben werden und anschließend als fertige Datensätze zur Verfügung stehen, eine händische, fehleranfällige Datenübertragung also entfällt. Außerdem kann bspw. auch die Bearbeitungsdauer beim Ausfüllen erfasst und auf mögliche Auffälligkeiten geprüft werden. Deutet eine auffällig kurze Bearbeitungszeit z. B. auf ein „Herunterkreuzen" der Fragen hin, wäre es grundsätzlich möglich, solche Ergebnisse herauszufiltern.

Die Datensätze können anschließend direkt vom Online-Umfragetool in ein Auswertungsprogramm importiert werden. SPSS unterstützt bspw. etliche Formate für den Datenimport, so können die Daten z. B. aus einer Excel-Datei importiert werden. Vor der Analyse der Daten müssen jedoch noch einige vorbereitende Schritte erfolgen, die ebenso wie bei Paper–Pencil-Befragungen anfallen:

1. *Prüfen der Daten:* Zunächst sollte geprüft werden, ob die importierten Werte der richtigen Variablen zugeordnet wurden oder ob es Übertragungsfehler beim Import gegeben hat.
2. *Umbenennung der Variablen und Festlegung der Metadaten:* In der Variablenansicht sollten nun die Metadaten der Variablen (Kurz- und Langversion der Namen, Wertelabels usw.) festgelegt werden.

3. *Festlegung der korrekten Variablen-Formate und des Messniveaus:* Kontrolliert und ggf. umgestellt werden sollte auch der Datentyp der Variablen. Auch das Skalenniveau der Variablen („nominal", „ordinal" oder „metrisch") sollte richtig hinterlegt werden.
4. *Definition fehlender Werte:* In einem nächsten Schritt werden die fehlenden Werte definiert.

3.2 Datenauswertung

3.2.1 Grundlagen

Die eigentliche Datenauswertung hängt stark vom Inhalt der jeweiligen Erhebung ab. Eine leitende Funktion nehmen dabei Untersuchungsziel und -fragen ein. Generell werden in diesem Projektschritt erste relevante Ergebnisse identifiziert und Übersichten, Tabellen und grafische Darstellungen angefertigt. Vorab sollten bereits folgende Punkte geklärt sein:

• An welchem Ort und auf welche Weise werden die Daten verwaltet/gespeichert?
• Welche Personen haben Zugriff auf die Daten (Stichwort Datenschutz)?
• Welche technischen Voraussetzungen sind zu berücksichtigen?
• Welches Know-How wird für die Analyse benötigt?

Insbesondere dann, wenn die erforderlichen technischen Voraussetzungen oder das Know-How für die Datenauswertung im Kulturbetrieb oder in der Tourismusorganisation fehlen, sollte die Analyse von externen Expert/innen durchgeführt werden (s. hierzu auch Abschn. 1.3.3).

Kaum zu verzichten ist bei der Auswertung quantitativer Daten auf den Einsatz computergestützter Statistik. Vor allem dann, wenn größere Datenmengen vorliegen, ist die Unterstützung durch ein Analyseprogramm unabdingbar. Die Möglichkeiten computergestützter Statistik sind dabei vielfältig. Zunächst ermöglicht sie die Kombination aus Datenerfassung und -analyse (s. hierzu auch Abschn. 3.1). Darüber hinaus bietet sie weitreichende Möglichkeiten zur statistischen Analyse, Datenselektion und -transformation sowie zur Ergebnisdarstellung (Zwerenz 2015, S. 9; Wittenberg et al. 2014, S. 5). Bei SPSS gehört dazu z. B.:

• das Sortieren von Fällen innerhalb einzelner Variablen,
• das Auswählen oder Filtern von Fällen (z. B. nach Alter oder Wohnort),

- das Aufteilen von Fällen in mehrere Dateien (dadurch entstehen insgesamt so viele Gruppen, wie die verwendete Variable Ausprägungen besitzt und bei allen weiteren Analysen werden die Ergebnisse unterteilt, Bsp.: separate Berechnungen für Erst- und Stammbesucher/innen),
- das Zusammenfügen von mehreren Dateien (so können komplette Datasets übernommen werden, wenn alle Variablen gleich sind),
- das Erstellen von Codebüchern,
- das Importieren von Daten,
- das Exportieren von Daten oder einzelnen Elementen (Outputs wie Auswertungen, Tabellen oder Grafiken können also z. B. separat gespeichert werden),
- das Erstellen von Häufigkeitstabellen, Kreuztabellen etc. und das Bestimmen statistischer Kennzahlen (z. B. Mittelwert) sowie deren Vergleich,
- die Möglichkeit zur Durchführung von Analysen (Häufigkeitstabellen, Kreuztabellen und Balkendiagramme) mit Mehrfachantwortsets (Variablen, die zu Sets aus dichotomen Variablen bzw. kategorialen Variablen gruppiert werden) und
- die Möglichkeit zur Berechnung bivariater Korrelationen.

Ein großer Vorteil dürfte aber auch sein, dass für die Auswertung keine Kenntnisse in einer Programmiersprache notwendig sind. Gleichzeitig beinhaltet die computergestützte Statistik jedoch auch einige Risiken, wie bspw. den leichtfertigen Einsatz komplexer statistischer Berechnungen durch den (vermeintlich) unkomplizierten Umgang mit der Software sowie Auswirkungen der Logik des Programms auf die Analysen (Zwerenz 2015, S. 9; Wittenberg et al. 2014, S. 5). Auch wenn die computergestützte Statistik die Durchführenden also in erheblichem Maße bei der Auswertung unterstützt, ist es trotzdem entscheidend, sich vorab ein statistisches Grundverständnis anzueignen. In Abschn. 3.2.2 werden deshalb die wichtigsten Grundbegriffe der Statistik vorgestellt.

Analyseprogramme und deren Vor- und Nachteile

SPSS (Statistical Package for the Social Sciences):

- Weit verbreitetes Programm zur statistischen Datenanalyse (erlaubt die gängigsten statistischen Verfahren und macht z. B. auch grafische Datenanalysen möglich)

- Vorteile: Import von verschiedenen Daten möglich, breite Einsatzmöglichkeiten, relativ unkompliziert in der Anwendung
- Nachteile: Signifikanzen/Ergebnisse lassen sich nicht immer einfach erkennen, nur eine Darstellung einfacher Grafiken, teuer

PSPP:

- Kostenlose Alternative zu SPSS
- Vorteile: Import von verschiedenen Daten, auch SPSS-Datensätzen, möglich, Export u. a. in das SPSS-Format möglich, nahezu identischer Aufbau wie bei SPSS, Vielzahl statistischer Operationen möglich
- Nachteil: Kein vollwertiger Ersatz zu einem Programm wie SPSS (deckt nicht den vollen Umfang an Funktionen ab)

Hinweis: Zu den einzelnen Auswertungsprogrammen finden sich online zahlreiche Handbücher, Videos mit Anleitungen etc. IBM bietet auf seiner Internetseite bspw. eine umfangreiche Dokumentation mit verschiedensten Anleitungen zu SPSS an (IBM 2022).

3.2.2 Wichtige Grundbegriffe der Statistik

Im Folgenden werden wichtige Begriffe der Statistik und ihre Merkmale vorgestellt. Ein grundlegendes Verständnis hierfür ist notwendig, um im Auswertungsprogramm die richtigen Eigenschaften (Formate, Messniveau etc.) für die Daten definieren und geeignete Analysemethoden auswählen zu können. Den Begriffen beigefügt ist jeweils auch eine Erläuterung zur Relevanz der Maßzahlen für die Auswertung.

Variable, Typ, Label, Wertelabel:

- *Variable/Variablenname:* ein Merkmal oder eine Eigenschaft mit verschiedenen Ausprägungen (Kurzform, z. B. Alter, Geschlecht, Zufriedenheit)
- *Merkmalsausprägung:* Alle Ausprägungen eines Merkmals, die es gibt (z. B. Jahre für das Alter oder „männlich", „weiblich" und „divers" für das Geschlecht).
- *Wertelabel:* Der Wert, der für die Merkmalsausprägungen vergeben wird.
- *Variablenlabel:* Langform, vollständige Frage (entsprechend dem Fragebogen)

- *Variablentyp:* qualitativ (String/Zeichenfolge oder Datum), quantitativ (numerisch, d. h. wenn Zahlencodes vergeben werden) (weitere Variablentypen sind z. B. Komma, Punkt, wissenschaftliche Notation und Währung)
- *Merkmalsträger:* Die statistischen Einheiten (Fälle), deren Merkmale im Rahmen einer Untersuchung erhoben werden (z. B. Personen, Gruppen etc.) (Kuckartz et al. 2013).

Stetige und diskrete Variablen:

- *Stetige Variablen:* Ein Merkmal besitzt beliebig viele Ausprägungen auf einem Intervall (z. B. Länge, Jahre der Mitgliedschaft), kann also unzählige Werte annehmen.
- *Diskrete/diskontinuierliche Variablen:* Ausprägungen können bei geeigneter Skalierung nur ganzzahlige Werte annehmen (z. B. Geschlecht, Zufriedenheit mit der Ticketreservierung) und das Merkmal besitzt abzählbar viele Ausprägungen (bei der Ticketreservierung z. B. „sehr zufrieden", „zufrieden", „weder/noch", „unzufrieden", „sehr unzufrieden").
- *Dichotome Variablen:* Sonderform von diskreten Variablen, bei der die Merkmale nur zwei Ausprägungen besitzen (z. B. Kenntnis einer Kultureinrichtung: bekannt/unbekannt).

(Duller 2019; Glogner-Pilz 2019)

Die Unterscheidung in stetige und diskrete Variablen treffen zu können ist relevant, um zu entscheiden, ob Werte und Wertelabels definiert werden müssen. Eine Frage wäre z. B., wie das Alter eines/einer Proband/in erfasst wird. Handelt es sich bei der Altersangabe um eine stetige Variable (z. B. Jahre) müssen vorab keine Werte definiert werden, für diskrete oder dichotome Variablen (z. B. Altersgruppen) hingegen schon.

Abhängige und unabhängige Variablen:

Mit der Unterscheidung in abhängige und unabhängige Variablen wird zum Ausdruck gebracht, „dass Veränderungen der einen (abhängigen)Variablen mit dem Einfluß einer anderen Variable erklärt werden sollen" (Döring und Bortz 2016):

- *Unabhängige Variable:* Die Variable, die hier einen Erklärungsbeitrag liefert bzw. die Vergleichsgruppen definiert.
- *Abhängige Variable:* Die Variable, die von der unabhängigen Variablen abhängt und die beeinflusst wird, wenn die unabhängige Variable verändert wird.

Wenn z. B. untersucht wird, ob das Alter von Kulturtourist/innen die Nutzung von Social Media-Kanälen beeinflusst, dann ist das ‚Alter' die *unabhängige* Variable und die ‚Nutzung von Social Media-Kanälen' die abhängige Variable. Bildlich könnte die unabhängige Variable also als „Stellschraube" betrachtet werden, an der gedreht wird, um zu sehen, wie eine abhängige Variable darauf reagiert. Die Unterscheidung treffen zu können ist Voraussetzung für die korrekte Durchführung bivariater und multivariater Analysen (s. hierzu Abschn. 3.3.2 und 3.3.3).

Skalenniveaus:
Nicht jede statistische Analyse ist mit jeder Variablen zulässig. So können z. B. ein durchschnittliches Alter oder eine durchschnittliche Besuchshäufigkeit aller Befragten berechnet werden, ein durchschnittliches Geschlecht oder ein durchschnittlicher Schulabschluss jedoch nicht. Wie mit den Daten mathematisch umgegangen werden darf, bestimmt das sogenannte Skalenniveau. Für die Auswertung schriftlicher Besucherbefragungen in Kulturmarketing und Kulturtourismus ist es deshalb ganz zentral, die Skalenniveaus zu kennen, auch deshalb, weil statistische Auswertungsprogramme dem/der Durchführenden prinzipiell alle Verfahren ermöglichen. Daher muss der/die Durchführende selbst abwägen können, welche statistischen Verfahren zum Einsatz kommen sollen.

Unterschieden wird hierbei in Nominal-, Ordinal-, Intervall- und Ratioskala. In Tab. 3.2 werden alle dieser Skalenniveaus aufgelistet und es wird zusammengefasst, welche mathematischen Operationen und dementsprechend auch statistischen Analysen (zu den einzelnen Begrifflichkeiten s. Abschn. 3.3.1) mit welchem der Niveaus überhaupt möglich sind. Im Folgenden sollen diese Skalenniveaus zunächst kurz erläutert werden.

Bei qualitativen Daten wird in nominal und ordinal skalierte Variablen unterschieden. Nominal skaliert sind Variablen, die über keine Zahlen oder Rangfolge verfügen. Bei solchen Daten kann nur beobachtet werden, ob sie gleich oder ungleich sind. Solche Daten haben deshalb den niedrigsten Informationsgehalt; es lassen sich lediglich Aussagen über Häufigkeiten treffen. Meist handelt es sich um Variablen, die zur weiteren Auswertung numerisch codiert werden (z. B. 1 = weiblich, 2 = männlich und 3 = divers).

Bei ordinal skalierten Variablen kann hingegen eine bestimmte Rangfolge (z. B. größer/kleiner, häufiger/seltener) festgelegt werden. Die unterschiedlichen Ausprägungen müssen dabei nicht den gleichen Abstand aufweisen. Es kann also z. B. die Kleidergröße der Personen (der Sprung von S zu M ist bspw. nicht gleich groß wie der von M zu L oder L zu XL) in eine bestimmte Rangordnung gebracht und anschließend codiert werden.

Tab. 3.2 Skalenniveaus und Voraussetzungen für die Durchführung statistischer Analysen

Skalenniveaus	Mathematische Operationen	Statistische Analysen
Qualitative Daten		
Nominal	Gleich/ungleich (=/≠) (z. B. Geschlecht)	Modus
Ordinal	Gleich/ungleich (=/≠) Größer/kleiner (>/<) (Rangordnungen, z. B. Schulnoten)	Modus, Median
Quantitative Daten		
Intervall	Gleich/ungleich (=/≠) Größer/kleiner (>/<) Differenzen (±) (Festgelegte Abstände, z. B. Jahreszahlen)	Modus, Median, Arithmetisches Mittel, Varianz, Standardabweichung
Verhältnis (Ratio)	Gleich/ungleich (=/≠) Größer/kleiner (>/<) Differenzen (±) Verhältnisse (•/÷) (Absoluter Nullpunkt, wie z. B. Einkommen)	Modus, Median, Arithmetisches Mittel, Varianz, Standardabweichung

Quantitative Daten wiederum werden in Intervall- und Verhältnisskala (auch Ratioskala) unterteilt. Intervallskaliert bedeutet, dass gleiche Abstände auf der Skala gleiche Unterschiede in der Ausprägung repräsentieren. Dementsprechend sind auch die Abstände zwischen zwei Werten empirisch interpretierbar (z. B. Interesse an Kunst und Kultur auf einer Skala von 1–10) (Kromrey et al. 2016, S. 206). Der Durchschnittswert der Skala ist willkürlich festgelegt, es können also Häufigkeiten, Ränge und Differenzen berechnet werden.

Verhältnisskalierte Variablen sind dem ähnlich, verfügen aber noch über einen natürlichen Nullpunkt. Aufgrund dessen entspricht auch das Größenverhältnis zwischen den Merkmalsausprägungen dem Verhältnis zwischen den Messobjekten: Doppelt so hohe Zahlenwerte bedeuten dann z. B. eine doppelt so hohe/starke Merkmalsausprägung (Kromrey et al. 2016, S. 206).

Wichtig ist, dass in manchen statistischen Auswertungsprogrammen nicht zwischen Intervall und Ratio unterschieden wird. Bei SPSS sind beide Skalenarten bspw. unter der Bezeichnung „Metrisch" zusammengefasst. Demgegenüber stehen die „quasi-metrischen" Variablen:

- *Metrisch:* Merkmale, deren Ausprägungen sich mittels Zahlen darstellen lassen, wobei auch Rangunterschiede und der Abstand interpretiert werden können.
- *„Quasi-metrisch“:* In der Praxis werden für die Datenanalyse oft auch Variablen als metrisch behandelt, die es eigentlich gar nicht sind, da viele statistische Verfahren metrisches Datenniveau verlangen, das aber selten vorliegt. Deshalb werden immer wieder auch ordinale Variablen (Bsp.: Schulnoten) als metrische Variablen definiert, wenn davon ausgegangen werden kann, dass die Abstände zwischen den Ausprägungen in etwa gleich sind (s. auch Anmerkung in Abschn. 3.3.2 zum Mittelwertvergleich). Dabei gilt: Je mehr Ausprägungen vorhanden, umso eher kann davon ausgegangen werden, dass eine ordinalskalierte Variable wie eine metrische Variable verwendet werden kann.

Auch wenn in der Praxis also oft auch ordinale Variablen als metrisch behandelt werden, ist es wichtig bei der Auswertung und später auch bei der Ergebnisdarstellung im Kopf zu behalten, dass es sich bei manchen Variablen streng genommen nicht um metrische Variablen handelt. Das eigene Vorgehen sollte dementsprechend auch immer offengelegt werden. Die Unterscheidung ist auch deshalb wichtig, weil bei SPSS bspw. zunächst alle Variablen als metrisch voreingestellt sind und die Person, die auswertet, das Skalenniveau in der Datenansicht einstellen muss. Gleichzeitig ist jedoch auch zu beachten, dass das Messniveau zwar einerseits zentral für die Anwendbarkeit statistischer Verfahren ist, dessen Angabe in den Variableneigenschaften für die meisten Verfahren in SPSS aber bedeutungslos ist. Letztlich entscheidet der/die Forscher/in über die Angemessenheit der eingesetzten Verfahren.

Zu guter Letzt sei noch darauf hingewiesen, dass es für die statistische Analyse auch sinnvoll sein kann, metrische Daten in ordinalskalierte Daten zu transformieren, auch wenn damit ein gewisser Informationsverlust einhergeht. Die wichtigsten Transformationen sind das Zusammenfassen zu *Kategorien/Klassen* (bspw. durch die Bildung von Altersgruppen) und zu *Rangbildungen,* bei der die Daten der Größe nach geordnet werden.

3.2.3   Vorgehen

Zu Beginn einer jeden Datenauswertung sollte damit begonnen werden, dass sich ein Überblick über die Ergebnisse der Studie verschafft wird. Dazu gehört auch, dass die eingegebenen Daten stichprobenartig auf Fehler kontrolliert werden. Es

wird bspw. geprüft ob es nicht plausible Werte, Ausreißer und Verteilungsab-
normalitäten gibt oder ob auffällige oder ungültige Werte vorliegen, die ggf.
ausgeschlossen werden müssen. Dazu gehören bspw.:

- Werte außerhalb der vorgesehenen Codeziffern (Bsp.: Der Wert 4, wenn für
  eine Variable nur die Werte 1, 2 und 3 vergeben wurden, z. B. beim Geschlecht
  eine 1 für weiblich, eine 2 für männlich und eine 3 für divers),
- unplausible Werte (Bsp.: Der Wert 300, wenn nach der Theaterbesuchshäufig-
  keit im letzten Jahr gefragt wird) und
- inkonsistente Werte (Bsp.: Eine Person mit 14 Jahren), die schon einen
  Hochschulabschluss hat (Glogner-Pilz 2019, S. 105).

In einem nächsten Schritt wird dann mit der Durchführung univariater Analysen begonnen (s. hierfür Abschn. 3.3.1). Hierzu gehört insbesondere auch die
Auszählung der Häufigkeiten der Merkmalsausprägungen der Variablen. Für die
weitere Analyse können auch bivariate und multivariate Analysemethoden angewandt werden. Welche Analysemethoden eingesetzt werden, hängt davon ab, wie
viele Variablen in die Auswertung einbezogen werden. In Abschn. 3.3 werden
die verschiedenen Analysemethoden vorgestellt.

3.3 Analysemethoden

3.3.1 Univariate Analysemethoden

Wenn ein Überblick über Merkmalsausprägungen, über deren Verteilung oder
über statistische Kennwerte *einer* Variablen (Alter, Wohnort, Zufriedenheit etc.)
geliefert werden soll, kommen univariate Untersuchungsmethoden zum Einsatz.
Die univariate Analyse eignet sich zur Tabellierung, zum Berechnen statistischer
Kennzahlen und zum grafischen Darstellen von Ergebnissen. Welche Operationen
jeweils mit den Variablen einer Untersuchung durchgeführt werden können, hängt
immer vom Skalenniveau ab (s. hierfür Tab. 3.2 in Abschn. 3.2.2). Angewandt
werden hierbei z. B.:

Häufigkeitsmaße:
Hierbei handelt es sich um die absoluten (Anzahl) und relativen (Prozent) Maße,
die die Ausprägung einer Stichprobenverteilung wiedergeben:

- *Absolute Häufigkeit:* Gibt an, wie oft die jeweilige Antwort genannt wurde (Bsp.: absolute Zahl der Befragten aus anderen Bundesländern oder aus dem Ausland, die eine Kultureinrichtung/Destination o. Ä. besuchen). Alle Häufigkeiten zusammen ergeben die Summe aller Antworten.
- *Relative Häufigkeit:* Gibt an, wie oft ein bestimmter Wert in Bezug auf die Gesamtheit/die zugrundeliegende Menge vorkommt; Zahl, die immer in Bezug zu einer weiteren Größe steht und bei den Analyseprogrammen i. d. R. als Prozentwert angezeigt wird (Bsp.: Anteil der Besucher/innen aus anderen Bundesländern oder dem Ausland an allen Befragten, die die Frage nach dem Wohnort beantwortet haben). In Prozentwerten wird also aufgezeigt, wie viel Prozent aller Befragten auf die jeweilige Antwortkategorie fallen. Die Addition aller dieser Werte ergibt 100 %.

In den Analyseprogrammen werden i. d. R. auch noch die gültigen und kumulierten Prozente beim Erstellen von Häufigkeitstabellen mit angezeigt:

- *Gültige Prozente:* Während bei der relativen Häufigkeit die fehlenden Werte einbezogen werden, werden diese bei den gültigen Prozenten ausgeschlossen. Auch hier ergeben sich also wieder durch Addition aller Werte 100 %.
- *Kumulierte Prozente:* Hier werden die prozentualen Häufigkeiten der gültigen Antworten zeilenweise summiert. So kann beim Auswerten abgelesen werden, wie viel Prozent aller Werte sich bis zu einem bestimmten Punkt angesammelt haben (oder oberhalb eines bestimmten Wertes liegen). (Bsp.: Abgefragt wird der Schulabschluss, in den Zeilen werden von oben nach unten die Schulabschlüsse aufgelistet, beginnend mit „kein Schulabschluss" und aufsteigend bis „Hochschulabschluss". Soll geprüft werden, wie viel Prozent aller Befragten nun z. B. höchstens Abitur haben, wird der Prozentwert in dieser Zeile angeschaut. Stehen hier z. B. 60 %, setzt sich diese Prozentangabe aus der Summe der Prozente aller Antwortkategorien außer dem Hochschulabschluss zusammen.)

Lagemaße/Lageparameter:
Die Lagemaße/Lageparameter geben die mittleren Lagen der Häufigkeitsverteilung wieder:

- *Modus:* Der Wert auf der Skala, der von den Befragten am häufigsten angekreuzt wurde/der in einer Stichprobe am häufigsten vorkommt (Raab-Steiner und Benesch 2021).

- *Mittelwert/arithmetisches Mittel:* Der Wert, der sich aus der Summe der angegebenen Werte dividiert durch die Zahl der Antworten ergibt ('Durchschnitt'). Voraussetzung zur Berechnung ist, dass mindestens das Intervallskalenniveau vorliegt.
- *Median/Zentralwert:* „[…] der Wert, der eine Häufigkeitsverteilung in zwei gleich große Hälften teilt (d. h. ‚über' und ‚unter' dem Median befinden sich gleichviel Beobachtungswerte)" (Atteslander 2010, S. 263). Liegt eine gerade Anzahl an Zahlenwerten vor, wird der Durchschnitt der beiden mittleren Werte berechnet. Voraussetzung zur Berechnung ist, dass mindestens ein Ordinalskalenniveau vorliegt.

Streuungsmaße:
Die Streuungsmaße zeigen auf, inwiefern die Verteilung der aufgetretenen Merkmalsausprägungen um den arithmetischen Mittelwert symmetrisch oder asymmetrisch ist. Dazu gehören u. a. die Varianz und die Standardabweichung, deren Vorteil es ist, „[…] dass sie […] nicht nur zwei, sondern alle Werte berücksichtigen." (Kuckartz et al. 2013):

- *Varianz:* Sie zeigt auf, „[…] wie weit die Werte einer Verteilung vom arithmetischen Mittel entfernt liegen. […] Für die Berechnung der Varianz werden die Abstände aller Werte zum Mittelwert quadriert, aufsummiert und anschließend durch die Anzahl der Werte geteilt" (Kuckartz et al. 2013). Je weiter die Ausprägungen dabei um die Mitte der Verteilung streuen, umso größer ist die Varianz der Variablen.
- *Standardabweichung:* „Das in der Sozialforschung am häufigsten verwendete Streuungsmaß ist die Standardabweichung, die mit s abgekürzt wird. Die Standardabweichung ergibt sich rechnerisch als Wurzel aus der mit s^2 abgekürzten Varianz […]" (Kuckartz et al. 2013). Sie sollte immer mit Bezug zum Mittelwert interpretiert werden. Bsp.: Wird das Interesse für ein Kulturangebot abgefragt, bedeutet ein hoher Wert eine große Streuung und demnach, dass das Interesse und Nicht-Interesse stark polarisieren (Glogner-Pilz 2019, S. 107).

Die Anzeige der Ergebnisse erfolgt bei Häufigkeiten dann in den Analyseprogrammen standardmäßig in Form einer Häufigkeitstabelle. Die Häufigkeiten können aber bspw. auch in einem Säulen- oder Balkendiagramm dargestellt werden. Auch die Lage- und Streuungsmaße können übersichtlich mit angezeigt werden (zur weiteren Darstellung s. Abschn. 4.1).

Beispielhafte Darstellung von Häufigkeits-, Lage- und Streuungsmaßen nach Berechnung in SPSS

Statistiken

F1_Besuchshäufigkeit

N	Gültig	50
	Fehlend	0
Mittelwert		2,9200
Median		3,0000
Modus		1,00
Std.-Abweichung		1,60153
Varianz		2,565
Summe		146,00

Darstellung der Häufigkeitsmaße (ohne Prozentangaben) sowie der Lage- und Streuungsmaße

F1_Besuchshäufigkeit

		Häufigkeit	Prozent	Gültige Prozente	Kumulierte Prozente
Gültig	heute ist das erste Mal	14	28,0	28,0	28,0
	mehrmals im Monat	8	16,0	16,0	44,0
	einmal im Monat	8	16,0	16,0	60,0
	alle 2-3 Monate	11	22,0	22,0	82,0
	ca. 1-2 Mal im Jahr	6	12,0	12,0	94,0
	seltener als einmal im Jahr	3	6,0	6,0	100,0
	Gesamt	50	100,0	100,0	

Darstellung der Häufigkeitsmaße in einer Häufigkeitstabelle (inkl. Prozentangaben)

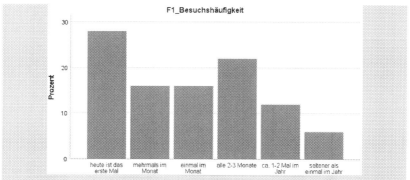

Darstellung der Häufigkeitsmaße in einem Balkendiagramm (in Prozent)
(n = 50)
Anmerkung: Bei Grafiken mit relativen Häufigkeiten sollte in der Dar-
stellung/Abbildung immer auch die Stichprobengröße ‚n' auftauchen, damit
deutlich wird, wie viele Proband/innen insgesamt befragt wurden bzw. auf
welche Größe sich die Prozentangaben beziehen.

3.3.2 Bivariate Analysemethoden

Nachdem die Häufigkeits- und Lagemaße ermittelt wurden kann mit bivariaten
Analysemethoden fortgefahren werden. Während bei den univariaten Analysemethoden immer nur eine Variable analysiert wird, sollen bei bivariaten Analysemethoden Zusammenhänge zwischen *zwei* Erhebungsmerkmalen/Variablen
statistisch aufgedeckt werden. Drei wichtige Analysemethoden stellen hierbei
Kreuztabellen, Mittelwertvergleiche und Korrelationsanalysen dar.

Kreuztabellen:
Mithilfe von Kreuztabellen können Zusammenhänge/Beziehungen zwischen zwei
kategorialen (nominal- oder ordinalskalierten) Variablen ermittelt werden (u. a.
Glogner-Pilz 2019, S. 107). Sie sind immer dann einzusetzen, wenn die abhän-
gige Variable nominal ist. Die Häufigkeitszählungen beider Variablen werden
in einer Kreuztabelle „über Kreuz gelegt". Kreuztabellen beinhalten daher im
Ergebnis die absoluten und relativen Häufigkeiten von Kombinationen zweier
Merkmalsausprägungen einer statistischen Einheit (s. Abb. 3.3).

Kulturelle Aktivität Häufigkeit: Museum / Galerie * Gegend Kreuztabelle

			Gegend Ländliche Gegend	Gegend Klein- oder Mittelstadt	Gegend Große Stadt	Gesamt
Kulturelle Aktivität Häufigkeit: Museum / Galerie	Nicht in den letzten 12 Monaten	Anzahl	259	408	192	859
		% der Gesamtzahl	17,3%	27,2%	12,8%	57,3%
	1-2 Mal	Anzahl	122	181	109	412
		% der Gesamtzahl	8,1%	12,1%	7,3%	27,5%
	3-5 Mal	Anzahl	40	43	56	139
		% der Gesamtzahl	2,7%	2,9%	3,7%	9,3%
	Mehr als 5 Mal	Anzahl	18	29	37	84
		% der Gesamtzahl	1,2%	1,9%	2,5%	5,6%
	Weiß nicht / Keine Angabe	Anzahl	2	1	2	5
		% der Gesamtzahl	0,1%	0,1%	0,1%	0,3%
Gesamt		Anzahl	441	662	396	1499
		% der Gesamtzahl	29,4%	44,2%	26,4%	100,0%

Abb. 3.3 Kreuztabelle mit der Besuchshäufigkeit in Museum/Galerie und dem Wohnort

Wichtig ist, dass die Richtung der Zusammenhänge meist nur interpretativ gedeutet werden können, da nur eine Aussage über die Stichprobe getroffen werden kann. Soll eine Aussage über die Grundgesamtheit getroffen werden, wird ein Chi-Quadrat-Test (=Hypothesentest, der den statistisch signifikanten Zusammenhang zwischen zwei Variablen in Bezug auf die stochastische Unabhängigkeit prüft) benötigt. Darüber hinaus gilt es zu beachten, dass die Anzahl der einzelnen Merkmalsausprägungen, die in einer Kreuztabelle dargestellt werden, überschaubar sein sollte (pro Merkmal sollten nicht mehr als etwa fünf einbezogen werden). Ansonsten ist eine Kreuztabelle nicht sinnvoll, da selbige mit zu vielen Ausprägungen schnell unübersichtlich wird und die absoluten Häufigkeiten dann sehr klein und damit oft wenig aussagekräftig werden. Die Fragestellung/Hypothese, die mithilfe von Kreuztabellen beantwortet oder belegt/widerlegt werden kann und die entsprechende Antwort darauf sind:

- *Fragestellung:* Wie verteilen sich die Häufigkeiten der Ausprägungen in einer Variablen (Bsp.: Besuchshäufigkeit) *in Abhängigkeit von einer anderen Variablen* (Bsp.: Wohnort)?
- *Hypothese:* Die Häufigkeiten der Ausprägungen in einer Variablen verteilen sich in unterschiedliche Gruppen, die durch die *Ausprägungen einer zweiten Variablen* beeinflusst werden (Bsp.: Der Wohnort hat Einfluss auf die Besuchshäufigkeit.).
- *Antwort:* Die absoluten und relativen Häufigkeiten in der Kreuztabelle stellen dar, wie oft eine bestimmte Kombination von Variablen vorkommt (indem geprüft wird, mit wie vielen Elementen jede Zelle der Tabelle, d. h.

jede mögliche Kombination der Ausprägungen der Variablen, besetzt ist). Neben den Häufigkeiten in jeder Zelle der Tabelle (z. B. Erstbesucher/innen aus einem anderen Bundesland) werden die absoluten Häufigkeiten auch spalten- und zeilenweise aufsummiert (z. B. Verteilung der Erstbesucher/innen auf Bundesland/Deutschland/Ausland). Ebenso können relative Häufigkeiten berechnet werden (z. B. Anteil Erstbesucher/innen an allen ausländischen Besucher/innen, Anteil lokaler Besucher/innen am Stammpublikum).

Mittelwertvergleich:

Bei einem Mittelwertvergleich werden die arithmetischen Mittel verschiedener Gruppen miteinander verglichen. Es wird also der jeweilige „Durchschnitt" der einzelnen Gruppen einer Variablen in Bezug auf eine andere Variable angeschaut. Um Mittelwerte berechnen zu können werden (quasi-)metrische Variablen vorausgesetzt. Mithilfe eines Mittelwertvergleichs kann geprüft werden, ob Unterschiedshypothesen vorliegen. Ein mögliches Beispiel hierfür könnte sein:

- *Fragestellung:* Wie unterscheiden sich die Altersgruppen im Hinblick auf ihre durchschnittliche Zufriedenheit?
- *Variablen:* 1. Zufriedenheit, 2. Altersgruppen
- *Vorgehen:* Für die Durchführung muss im Statistikprogramm angegeben werden, welche der beiden Variablen die abhängige und welches die unabhängige Variable ist (zur Unterscheidung s. Abschn. 3.2.2). Im vorliegenden Bsp. soll die Zufriedenheit erklärt werden, diese stellt also die abhängige Variable dar. Die unabhängige Variable sind die Altersgruppen, die hierfür einen Erklärungsbeitrag liefern.
- *Interpretation:* Wurden die Wertelabels von 1 = sehr unzufrieden bis 5 = sehr zufrieden vergeben, bedeutet ein hoher Mittelwert eine hohe und ein niedriger Wert eine niedrige Zufriedenheit. Der Mittelwertvergleich zeigt, ob bestimmte Altersgruppen zufriedener oder unzufriedener sind als andere Altersgruppen.
- *Achtung:* Streng genommen handelt es sich bei der Zufriedenheit um eine ordinal skalierte Variable, für die kein arithmetisches Mittel berechnet werden kann. In der Praxis werden solche Variablen allerdings oft als metrisch behandelt, wenn davon ausgegangen werden kann, dass die Abstände zwischen den Ausprägungen in etwa gleich sind (s. hierzu auch schon Abschn. 3.2.2).

Tab. 3.3 Der statistische Korrelationskoeffizient r – Zusammenhang zwischen Variablen

Betrag von r	Stärke des Zusammenhangs
$0,0 \leq r < 0,1$	Kein Zusammenhang
$0,1 \leq r < 0,3$	Geringer Zusammenhang
$0,3 \leq r < 0,5$	Mittlerer Zusammenhang
$0,5 \leq r < 0,7$	Hoher Zusammenhang
$0,7 \leq r < 1,0$	Sehr hoher Zusammenhang

Bivariate Korrelationsanalysen:
Mithilfe von bivariaten Korrelationsanalysen können Zusammenhänge zwischen zwei Variablen untersucht werden. Die Korrelationsanalyse berechnet das Ausmaß der Veränderung einer Variablen durch die Veränderung der anderen. Voraussetzung hierfür ist metrisches Datenmaterial. Der statistische Korrelationskoeffizient r ist dabei der Zahlenwert, der die Art der Korrelation angibt. Er zeigt auf, wie stark oder schwach ein (linearer) Zusammenhang zwischen zwei Merkmalen ausgeprägt ist und kann Werte zwischen -1 und $+1$ annehmen.

Eine positive Korrelation steht dabei für eine positive lineare Beziehung (je mehr, desto mehr), eine negative Korrelation hingegen für eine negative lineare Beziehung (je mehr, desto weniger). Ist der Korrelationskoeffizient $r = 0$ kann statistisch kein korrelativer, linearer Zusammenhang zwischen den Variablen festgestellt werden (s. auch Tab. 3.3). Aber Achtung: auch wenn der Korrelationskoeffizient einen geringen Wert aufweist, kann theoretisch ein Zusammenhang vorliegen. Da der Korrelationskoeffizient r nur lineare Zusammenhänge betrachtet, wird ein nicht-linearer Zusammenhang nur nicht erkannt. Hierfür gibt es alternative Verfahren, die an dieser Stelle jedoch nicht vertieft werden.

3.3.3   Multivariate Analysemethoden

Eine fundierte Entscheidungsgrundlage für das Kulturmarketing oder den Kulturtourismus kann aufgrund der Vielzahl an Einzelinformationen erst durch eine Verdichtung geschaffen werden. Darüber hinaus sind einfache Untersuchungsmethoden bei der Analyse komplexer Marketing-Phänomene oft überfordert: So lässt sich etwa der Besuch einer Kulturerbestätte in der Regel nur durch eine Vielzahl gleichzeitig wirkender, untereinander abhängiger und sich in der gleichen Richtung verändernder Faktoren erklären. Dieser Herausforderung kann durch multivariate Analysemethoden begegnet werden, die *drei oder mehr* Variablen in ihre Analysen einbeziehen.

Durch die Einbeziehung mehrerer Variablen werden verbundene Beobachtungen mehrerer Merkmale möglich. Hierfür existieren verschiedenste multivariate Verfahren, die diese Beobachtungen aufdecken sollen, wie z. B.:

- *Multiple/Multivariate Korrelations- und Regressionsanalyse:* Beziehungen zwischen einer abhängigen und einer/mehreren unabhängigen Variablen werden modelliert. Selbige Analyse wird dann angewendet, wenn Zusammenhänge quantitativ beschrieben werden sollen oder wenn Werte der abhängigen Variablen zu prognostizieren sind. Wichtig hierbei ist, dass das Modell vollständig ist, da sonst die realen Zusammenhänge nicht aufgedeckt werden (Bsp.: Die Besuchszahlen einer großen Sonderausstellung werden analysiert und es wird untersucht, welchen Einfluss Werbeausgaben und Rezensionen haben, ohne zu berücksichtigen, dass ein anderes Museum am Standort wegen Umbau geschlossen hat.)
- *Faktorenanalyse:* Eine Vielzahl an Variablen wird auf wenige Faktoren reduziert. Aus empirischen Beobachtungen vieler Variablen wird also auf wenige latente Variablen geschlossen. Es werden Gruppen von intervallskalierten Daten zusammengefasst zu Faktoren, die möglichst unabhängig voneinander sind, um Strukturen zu entdecken. (Bsp. für Fragestellungen: Sollten verschiedene Komponenten der Besucherzufriedenheit unterschieden werden? Lassen sich die Interessen in übergeordnete Faktoren zusammenfassen?)
- *Clusteranalyse:* Die Fälle werden anhand vorgegebener Kategorien und mithilfe verschiedener Parameter gruppiert. Die gefundenen Gruppen/Cluster enthalten dann jeweils Fälle, die sich ähnlich sind. Als Kriterien für die Ähnlichkeit sind verschiedene Parameter möglich. (Bsp.: Es könnten verschiedene Eigenschaften von Proband/innen erhoben und mit einer Clusteranalyse versucht werden, verschiedene Persönlichkeitstypen zu ermitteln.)
- *Multivariate Varianzanalyse:* Sie wird dann genutzt, wenn Varianzen und Prüfungen berechnet werden sollen, um Aufschluss über Gesetzmäßigkeiten zu erlangen. Hierdurch können Unterschiede in den Mittelwerten der unabhängigen Variablen herausgefiltert werden. Damit können Zielgruppen besser verstanden werden, wenn z. B. versucht wird vorherzusagen auf welche Weise die verschiedenen Gruppen reagieren.

Für weitere Informationen zu diesen und weiteren Verfahren sei z. B. Kuckartz (2014) empfohlen.

Datenpräsentation und Follow up-Maßnahmen

4

4.1 Aufbereitung und Darstellung der Ergebnisse

Die Antworten auf die in der Erhebungsphase festgelegte(n) Untersuchungsfrage(n) stellen die Untersuchungsergebnisse dar. Diese können sowohl

- für die internen Entscheidungsträger/innen (Geschäftsführung, Abteilungsleitung etc.) und z. B. auch das Personal aus den Besucherkontaktbereichen als auch
- für externe Anspruchsgruppen (z. B. Publikum, Medien, Träger, Kulturpolitik)

aufbereitet werden. Das geschieht in der Regel im Rahmen eines *Ergebnis- bzw. Abschlussberichts*. Eine prototypische Gliederung eines solchen Berichts zeigt Abb. 4.1.

In welcher Art und Weise die Aufbereitung der Ergebnisse im Detail erfolgt, hängt von der Art des Projekts, den Auftraggeber/innen und den relevanten Adressat/innen ab. Ein Bericht, der sich in erster Linie an interne Stakeholder richtet, wird anders aufbereitet als ein Bericht, der im Rahmen einer Pressekonferenz an externe Anspruchsgruppen ausgegeben wird. Unabhängig davon gilt für alle Berichte, dass die Ergebnisse zunächst neutral (d. h. ohne Bewertung und Interpretation) aufbereitet werden. Dies geschieht i. d. R. sowohl durch Text als auch durch Visualisierungen (Abbildungen, Tabellen etc.). Folgende grundlegenden Punkte gilt es hierbei zu berücksichtigen (s. hierzu auch das Bsp. in der Infobox):

- *Sprachstil:* Die Ergebnisse sollten so verschriftlicht werden, dass sie sprachlich zu der Zielgruppe passen, die mit dem Ergebnisbericht erreicht werden soll.

1. Zusammenfassung des Vorgehens und der wichtigsten Ergebnisse („Management Summary")

2. Untersuchungskontext: Auftraggeber/in (z. B. Kulturbetrieb, Tourismusorganisation), Auftragnehmer/in (z. B. Hochschule, Institut), Darstellung des Untersuchungsgegenstands und Untersuchungsziels

3. Untersuchungsdesign: Untersuchungsfrage(n) und -typ, Methoden der Datenerhebung und Datenauswertung, Sample etc.

4. Darstellung der Untersuchungsergebnisse

5. Interpretation/Diskussion der Ergebnisse, Limitationen der Studie, Handlungsempfehlungen

6. Fazit, ggf. Ausblick

7. Literatur/Quellenangaben, ggf. Informationen zum Forschungsteam

Anhang

Abb. 4.1 Prototypische Gliederung eines Abschlussberichts

So sind für die Kulturpolitik, den Kulturtourismus oder auch die Presse häufig kurze und prägnante Ergebnisse (bspw. inkl. der Verwendung von Zitaten und Schlagwörtern) zielführend.

- *Grafische Aufbereitung:* Die grafische Aufbereitung kann bspw. in Form von Tabellen, Balken- oder Kreisdiagrammen erfolgen. Insbesondere bei der Präsentation von Häufigkeiten bieten sich verschiedene Darstellungsformen an (s. auch Abschn. 3.3.1). Hier gilt es abzuwägen, welche davon am übersichtlichsten ist und mittels welcher Form die Informationen am einfachsten zu vermitteln sind. Dabei ist zu überlegen, ob die Qualität der innerhalb des Auswertungsprogramms erstellten, optisch jedoch einfach gehaltenen Tabellen und Grafiken ausreicht oder ob die Daten noch einmal mittels professioneller Software (z. B. Power Point, Excel) aufbereitet werden sollen.

- *Optische Gestaltung:* Der Ergebnisbericht sollte optisch ansprechend gestaltet sein. Dazu gehört neben der grafischen Aufbereitung von Ergebnissen auch grundsätzlich ein professionelles, einheitlich verwendetes Layout (Format, visuelle Elemente, Logos, Bilder, Farbgebung, Seitenangaben usw.).

- *Erläuterung der Tabellen und Diagramme:* Die Adressat/innen des Berichts erhalten durch die grafische Aufbereitung einen ersten visuellen Eindruck von den Ergebnissen. Die Tabellen und Diagramme müssen dennoch auch näher beschrieben werden. Hier bietet es sich in bestimmten Fällen an z. B. Ergebnisse oder Daten zusammenzufassen, um eindeutigere Aussagen treffen oder bestimmte Ergebnisse hervorheben zu können (Bsp.: „Wie Tab. X zeigt, waren fast alle Besucher/innen (95 %) mit ihrem Aufenthalt zufrieden; über zwei Drittel (68 %) waren sogar sehr zufrieden."). Insbesondere dann, wenn der Ergebnisbericht nicht nur an ein Fachpublikum gerichtet ist, müssen die Tabellen und Diagramme präzise erläutert werden.

- *Übersichtlichkeit:* Die Erläuterungen sollten ausreichend umfangreich sein. Gleichzeitig gilt es zu vermeiden, dass der Bericht mit zu vielen Informationen überfrachtet wird. Auch hier gilt es die anvisierte Leserschaft im Blick zu behalten. Eine lesefreundliche Gestaltung kann bspw. auch durch Elemente wie ein Inhaltsverzeichnis und aussagekräftige Überschriften sowie eine sinnvolle Reihenfolge der Themen erreicht werden.

Untersuchung zu Virtual Reality auf das Besuchserlebnis
Das Museum Deutsches Auswanderhaus Bremerhaven und der Verbund „museum4punkt0" führten 2019 gemeinsam eine umfangreiche Studie zur Wirkung von Virtual Reality in Ausstellungskontexten durch. Die Projekte von „museum4punkt0" sind so angelegt, dass die jeweiligen Ergebnisse allen Museen zur Verfügung gestellt werden, um eine nachhaltige und vielfältige Nutzung der Ergebnisse zu gewährleisten. Aufgrund dieser Veröffentlichung und gewünschten Nutzung in Fachkreisen ist die Darstellung der Ergebnisse sehr ausführlich und detailliert. Die Ergebnisse der Besucherbefragungen, welche u. a. auch als Paper–Pencil-Befragung angelegt waren, wurden manuell in Excel-Tabellen eingefügt und hinsichtlich der Fragestellungen ausgewertet. Unterschiedliche Grafik-Formate veranschaulichen die Werte, welche ausführlich im Text erläutert und eingeordnet werden. Zusätzlich zur Ergebnisdarstellung beinhaltet der Bericht Informationen zum Forschungsstand und zum Erkenntnisinteresse (Deutsches Auswandererhaus Bremerhaven 2019).

Der Ergebnisdarstellung folgt eine sinnfällige *Interpretation und Diskussion* der Ergebnisse. Hierbei wird insbesondere nach plausiblen Erklärungen für auffällige und überraschende Ergebnisse gesucht (z. B. für die Unzufriedenheit mit bestimmten Serviceleistungen eines touristischen Angebots). Darüber hinaus kann es auch Teil der Diskussionen und Implikationen sein, sich zu überlegen, welche Bedeutung die Untersuchungsergebnisse für Praxis und Theorie in Kulturmarketing und Kulturtourismus haben:

- *Implikationen für die Praxis:* Wer (Institutionen/Organisationen, Personen, Politik/Wirtschaft) kann aus den Ergebnissen Erkenntnisse ziehen? Was bedeuten die Ergebnisse z. B. für das Marketing, die Vermittlung oder die touristischen Angebote einer Kultureinrichtung/Destination?
- *Implikationen für die Theorie:* Was bedeuten die Ergebnisse für die Forschung? Müssen Zusammenhänge neu gesehen werden? Was sind die nächsten notwendigen Schritte im Forschungsfeld?

Die Interpretation selbst kann auf zwei Ebenen stattfinden (Atteslander 2010, S. 36):

- Zum einen werden die empirischen Ergebnisse im Rahmen des *eigenen Untersuchungskontexts* interpretiert.
- Zum anderen werden die Ergebnisse aus der Untersuchung mit bestehenden Erkenntnissen oder anderen Untersuchungsergebnissen verglichen und verknüpft – und damit in einem *größeren Zusammenhang* diskutiert.

Die schriftliche Darstellung der Ergebnisse wird häufig durch eine mündliche Präsentation ergänzt. Eine solche Präsentation kann z. B. vor der Presse, dem Träger, aber auch intern gehalten werden. Hierbei sollten vor allem jene Ergebnisse hervorgehoben werden, die auffällig waren. Auch hier ist auf ein professionelles Erscheinungsbild zu achten.

Für die interne Präsentation empfiehlt es sich zudem, die Vorstellung der Ergebnisse mit der Durchführung eines *Workshops* zu kombinieren. Im Rahmen eines solchen Workshops können die Ergebnisse besprochen und basierend darauf konkrete Handlungsmaßnahmen abgeleitet werden (s. hierfür auch Kap. 4.2). So wird eine tiefer gehende Auseinandersetzung mit den Befragungsergebnissen ermöglicht und die Akzeptanz für zukünftige Veränderungen oder Maßnahmen gestärkt. Daran beteiligt werden sollten in jedem Fall jene Mitarbeitenden, die in der Einrichtung/Organisation für die entsprechenden Themengebiete (Kulturmarketing/Kulturtourismus) zuständig sind.

Kommunikation der Ergebnisse der Kulturtourismusstudie

Im Jahr 2018 ist die Kulturtourismusstudie erschienen, im Rahmen derer 323 vollständige Datensätze aus Kulturbetrieben, 93 vollständige Datensätze aus öffentlichen Kulturverwaltungen und 190 vollständige Datensätze aus Tourismusorganisationen generiert werden konnten. Mithilfe der Studie sollten spezifische Bedingungen und Entwicklungsmöglichkeiten, Trends, Chancen und Herausforderungen des Kulturtourismus aufgezeigt werden. Kommuniziert wurden die Erkenntnisse der Studie durch die Publikation des Ergebnisberichts, welcher ausführlich Zielsetzung, Umsetzung und Ergebnis der Studie darlegt. Veröffentlicht wurde der Bericht auf den Webseiten der Kooperationspartner sowie auf einer eigens dafür angelegten Website. Zudem fand vor Fertigstellung u. a. eine Präsentation der Zwischenergebnisse in der CULTURE LOUNGE auf der ITB 2016 durch die Initiatoren der Studie statt (Burzinski et al. 2018).

4.2 Ableitung und Umsetzung von Maßnahmen

Schriftliche Besucherbefragungen stellen im Kultur- und Tourismusmarketing kein Allheilmittel dar. Besucheranalysen können eine Vielzahl an Informationen liefern, allerdings sind diese Informationen nur dann nützlich, wenn sie von den Verantwortungsträger/innen einer Kultureinrichtung oder Tourismusorganisation auch tatsächlich ausgewertet und für Entscheidungen genutzt werden. Wie bereits im Kapitel zuvor angesprochen, ist auch deshalb eine mündliche Präsentation und Diskussion der Ergebnisse vor und mit den Mitarbeitenden unabdingbar. Erst im gemeinsamen Austausch können geeignete zukünftige Maßnahmen für das Kulturmarketing und den Kulturtourismus identifiziert und umgesetzt werden.

Zudem ist es empfehlenswert, neben den Mitarbeitenden aus dem Bereich Kulturmarketing/-tourismus auch andere (interessierte) Beschäftigte an den Ergebnissen teilhaben und mögliche Maßnahmen aktiv mitgestalten zu lassen, da das gesamte Personal eine hohe Bedeutung für die Schaffung von Wettbewerbsvorteilen und Besuchernutzen hat. So sind die Ergebnisse einer Besucherbefragung häufig insbesondere auch für das Servicepersonal einer Kultureinrichtung oder kulturtouristischen Anlage von wichtiger Bedeutung, da dieses über direkten Besucherkontakt verfügt und vom Publikum an verschiedenen Stellen im Nutzungsprozess als Qualitätsindikator bzw. -surrogat herangezogen wird (ausführlich hierzu Hausmann 2021).

Für die Ableitung geeigneter Maßnahmen sollten zunächst einmal die grundlegenden Untersuchungsergebnisse besprochen werden. Durch einen Abgleich dieser Ergebnisse mit dem zu Beginn bestimmten Untersuchungsziel können anschließend geeignete Handlungsempfehlungen formuliert werden. Wenn es bspw. das Ziel einer Besucherbefragung war, empirisch gesicherte Erkenntnisse

über touristische Besucher/innen einer Kulturerbestätte und deren Nutzungsverhalten und Zufriedenheit in Bezug auf Marketingangebote zu gewinnen und die
Ergebnisse darlegen, dass „klassische" Angebote zu den am meisten genutz-
ten/gekannten Angeboten zählen, könnte eine geeignete Handlungsempfehlung
wie folgt lauten:

> „Bestehende Angebote sollten im Hinblick auf die Frage, ob sie die gewünschte
> Zielgruppe erreichen, evaluiert und ggf. angepasst werden. Wird festgestellt, dass ein-
> zelne Angebote nicht hinreichend nachgefragt und genutzt werden, sollen neue, auf
> die Bedürfnisse einzelner Zielgruppen besser zugeschnittene, Angebote geschaffen
> werden."

Wichtig ist, dass die abgeleiteten Maßnahmen möglichst präzise benannt werden,
z. B. nach dem praxistauglichen Marketingprinzip der W-Fragen (Was? Warum?
Wann? Wer? Wie?). Gleichzeitig ist die Formulierung zu vieler Maßnahmen zu
vermeiden. Im Zentrum sollten jene Maßnahmen stehen, die sich durch ihre
Qualität, Umsetzbarkeit sowie Sichtbarkeit und Spürbarkeit für die relevanten
Anspruchsgruppen auszeichnen (Müller et al. 2021, S. 102). Um die identifizierten Maßnahmen erfolgreich umsetzen zu können, bedarf es (auch) einer
entsprechenden Organisation der Kultureinrichtung oder Tourismusorganisation.
Dazu gehören alle struktur- und prozessbezogenen Regelungen, die zur Umsetzung der Maßnahmen und damit zur Erreichung des angestrebten Soll-Zustandes
erforderlich sind. Beispiele hierfür sind:

- *Einbindung aller Mitarbeitenden:* Die Mitarbeitenden der Kultureinrichtung,
  Tourismusorganisation o. Ä. sollten nicht nur in die Ableitung, sondern auch
  in die Umsetzung von Maßnahmen aktiv eingebunden werden. So kann das
  jeweilige Know-How für die Umsetzung optimal genutzt werden. Hierfür ist
  es hilfreich, wenn Zuständigkeiten klar definiert und festgehalten werden.
- *Informations- und Kommunikationsaustausch:* Es sollte sichergestellt werden,
  dass im Rahmen der Maßnahmenumsetzung ein guter Austausch zwischen den
  verschiedenen Stellen/Abteilungen herrscht. So können Einzelaufgaben auf
  unterschiedliche Organisationseinheiten aufgeteilt werden, gleichzeitig werden
  die daraus resultierenden Schnittstellenprobleme aufgefangen.
- *Aufgaben- bzw. Zielorientierung:* Um Strategien und Problemlösungen für die
  Umsetzung der geplanten Maßnahmen zu finden, muss eine klare Aufgaben-
  bzw. Zielorientierung gefördert werden. Entscheidend ist, dass alle Beteiligten
  das „große Ganze" im Blick behalten. Hierfür kann es hilfreich sein, wenn die

Aufgaben und Ziele bspw. vorab in einem „Workbook" festgehalten wurden, das den gesamten Prozess der Umsetzung begleitet.

• *Marketingcontrolling:* Ein funktionsfähiges Marketingcontrolling trägt dafür Sorge, dass die bereits laufenden Umsetzungen von Maßnahmen immer wieder geprüft und bei Bedarf angepasst werden. Durch eine entsprechende Informationsversorgung soll die Umsetzung ergebnisorientiert unterstützt werden. So soll die Effektivität (Wirksamkeit) und Effizienz (Wirtschaftlichkeit) der Maßnahmen gefördert werden.

4.3 Evaluation des Befragungsprojekts

Es ist zu empfehlen, dass spätestens im Anschluss an die Durchführung einer Befragung die Erkenntnisse aus den einzelnen Projektschritten sorgfältig dokumentiert werden. Durch eine zeitnah angelegte Dokumentation liegt der Kultureinrichtung oder Tourismusorganisation eine Vorlage für zukünftige Besucherbefragungen vor. Zu den einzelnen Erkenntnissen, die es zu dokumentieren gilt, gehören dabei:

• *Inhaltliche Erkenntnisse:* Die Dokumentation der inhaltlichen Erkenntnisse aus einer Besucherbefragung ist nicht nur für die Ableitung und Umsetzung von Maßnahmen entscheidend. Die Ergebnisse können auch als Grundlage für zukünftige Besucherbefragungen fungieren, indem selbige inhaltlich bspw. dort ansetzt, wo die vorherige Befragung interessante/auffallende Ergebnisse geliefert hat. Aus den Ergebnissen kann dann bspw. das Untersuchungsziel für die nächste Besucherbefragung abgeleitet werden. Anhand bestimmter Äußerungen bzw. Rückmeldungen der Befragten kann zudem der Inhalt zukünftiger Befragungen optimiert werden. So könnten bei einer nächsten Befragung andere oder zusätzliche Antwortmöglichkeiten angeboten werden.

• *Methodische Erkenntnisse:* Auch die methodische Umsetzung sollte dokumentiert werden. Dazu gehören z. B. Erkenntnisse zur Fragebogengestaltung, Hinweise zum Ablauf der Befragung, Besonderheiten des Befragungsortes, die Instruktionen für die Mitarbeitenden oder auch das Vorgehen bei der Datenauswertung. Die entsprechenden Erkenntnisse können bei der Gestaltung zukünftiger Befragungen berücksichtigt und Schwächen der letzten Befragung abgestellt werden.

• *Technische Erkenntnisse:* Der Vorteil von Online-Befragungen ist, dass deren Dokumentation transparent und lückenlos erfolgt. Die automatisch anfallenden

Server-Log-Protokolle erfassen detailliert den Zugriffszeitpunkt, die Beantwortungsdauer sowie die Abbruchraten. Auch diese technischen Daten können zur Verbesserung zukünftiger Befragungen herangezogen werden (Scholl 2018, S. 57).

Was Sie aus diesem *essential* mitnehmen können

- Schriftliche Besucherbefragungen stellen für Kulturbetriebe und touristische Leistungsträger ein zentrales Instrument zur Gewinnung entscheidungsrelevanter Informationen dar und können dabei verschiedene wichtige Aufgaben für das Kulturmarketing und den Kulturtourismus übernehmen. In der Praxis fehlt es jedoch noch häufig an einer systematischen und zielgerichteten Vorgehensweise bei der Erhebung, Analyse, Aufbereitung und Interpretation empirischer Daten. Dieses *essential* erläutert daher fundiert und kompakt das Instrument der schriftlichen Besucherbefragung im Kontext von Kulturmarketing und Kulturtourismus.
- In diesem *essential* werden die einzelnen Phasen der schriftlichen Besucherbefragung beschrieben. Paper–Pencil-Befragungen und Online-Befragungen unterscheiden sich hierbei insbesondere bei der Gestaltung des Fragebogens und der Datenaufbereitung. Nach der Lektüre des *essentials* wird deutlich, welche besonderen Aspekte jeweils zu berücksichtigen sind, damit schriftliche Besucherbefragungen künftig professioneller in der Praxis von Kulturmarketing und Kulturtourismus umgesetzt werden können.
- Schriftliche Besucherbefragungen haben ihre Tücken, eine sorgfältige Vorgehensweise ist daher erforderlich. Für die Auswertung solcher Befragungen sind zwar keine tiefergehenden Programmier- und Statistikkenntnisse notwendig, ein grundsätzliches statistisches Verständnis ist aber unabdingbar. In diesem *essential* wird daher ein Überblick zu statistischen Grundbegriffen gegeben und es werden einfach umzusetzende Auswertungsmethoden vorgestellt. Können der Kulturbetrieb oder die Tourismusorganisation die Durchführung eines solchen Befragungsprojekts aus Ressourcen- oder Kompetenzgründen nicht selbst leisten, stehen verschiedene externe Expert/innen im Bereich Kultur- und Tourismusforschung zu Verfügung.

A. Hausmann und S. Schuhbauer, *Schriftliche Besucherbefragungen im Kulturmarketing und Kulturtourismus*, essentials, https://doi.org/10.1007/978-3-658-41338-5

Literatur

Atteslander, P. (2010). *Methoden der empirischen Sozialforschung* (13. Aufl.). Erich-Schmidt-Verlag.

Döring, N. & Bortz, J. (2016). *Forschungsmethoden und Evaluation für Human- und Sozialwissenschaftler* (5. Aufl.). Springer.

Burzinski, M., Buschmann, L. & Pröbstle, Y. (2018). *Kulturtourismusstudie 2018. Empirische Einblicke in die Praxis von Kultur- und Tourismusakteuren.* https://www.ph-ludwig sburg.de/fileadmin/phlb/hochschule/fakultaet2/kulturmanagement/PDF/Forschung/Kul turtourismusstudie_2018_final.pdf. Zugegriffen: 16. Dez. 2022.

Butzer-Strothmann, K., Günter, B. & Degen, H. (2001). *Leitfaden für Besucherbefragungen durch Theater und Orchester.* Nomos.

Deutsches Auswandererhaus Bremerhaven (2019). Berührt es mich? Virtual Reality und ihre Wirkung auf das Besuchserlebnis in Museen – eine Untersuchung am Deutschen Auswandererhaus. https://zenodo.org/record/3611352#.Y5-J3VGZNPY. Zugegriffen: 25. Nov. 2022.

Duller, C. (2019). *Einführung in die Statistik mit Excel und SPSS: Ein anwendungsorientiertes Lehr- und Arbeitsbuch* (4. Aufl.). Springer Gabler.

Föhl, P.S. & Nübel, D. (2016). Das Publikum öffentlicher Theater. Ergebnisse der empirischen Forschung. In Glogner-Pilz, P. & Föhl, P.S. (Hrsg.), *Handbuch Kulturpublikum. Forschungsfragen und -befunde* (S. 207–254). Springer VS.

Glogner-Pilz, P. (2019). *Kulturpublikumsforschung. Grundlagen und Methoden.* Reihe Kunst- und Kulturmanagement (2. Aufl.). Springer VS.

Hausmann, A. (2021). *Kulturmarketing* (3. Aufl.). Springer VS.

Hausmann, A. & Braun, O. (2020). *Wen erreichen wir? Evaluation der Education-Arbeit in professionellen Orchestern Baden-Württembergs. Forschungsbericht.* https://www.ph-ludwigsburg.de/fileadmin/phlb/hochschule/fakultaet2/kulturmanagement/PDF/Forsch ung/Forschungsbericht_WenErreichenWir.pdf. Zugegriffen: 25. Nov. 2022.

Hausmann, A. (2019). Kulturtourismusmarketing. Praxis Kulturmanagement, Springer: Wiesbaden.

IBM Deutschland GmbH (2022). *IBM SPSS Statistics 28 Documentation.* https://www.ibm. com/support/pages/ibm-spss-statistics-28-documentation#de. Zugegriffen: 15.Dez.2022.

Kromrey, H., Roose, J. & Strübing, J. (2016). *Empirische Sozialforschung. Modelle und Methoden der standardisierten Datenerhebung und Datenauswertung mit Annotationen aus qualitativ-interpretativer Perspektive* (13., völlig überarb. Aufl.). UVK.

Kuckartz, U. (2014). *Mixed Methods. Methodologie, Forschungsdesigns und Analyseverfahren.* Springer Fachmedien.

Kuckartz, U., Ebert, T., Rädiker, S. & Stefer. C. (2012). Evaluation online: Internetgestützte Befragung in der Praxis. Springer VS.

Kuckartz, U., Rädiker, S., Ebert, T. & Schehl, J. (2013). *Statistik. Eine verständliche Einführung* (2. Aufl.). Springer VS.

Kulturevaluation Wegner. (2019). *Ergebnisse der Nichtbesucher*innen-Befragung für das Neue Stadtmuseum Landsberg am Lech.* https://museum-landsberg.de/magic/show_image.php?id=310581&download=1. Zugegriffen: 25. Nov. 2022.

Ministerium für Wissenschaft, Forschung und Kultur des Landes Brandenburg (2013). Kulturtourismus in Brandenburg. Leitfaden. https://mwfk.brandenburg.de/sixcms/media.php/9/Leitfaden_Kulturtourismus.pdf. Zugegriffen: 25. Nov. 2022.

Müller, K., Kempen, R. & Straatmann, T. (2021). *Mitarbeiterbefragung. Organisationales Feedback wirksam gestalten.* Hogrefe.

Pröbstle, Y. (2014). *Kulturtouristen. Eine Typologie.* Springer VS.

Raab-Steiner, E. & Benesch, M. (2021). *Der Fragebogen. Von der Forschungsidee zur SPSS Auswertung* (6. aktual. und überarb. Aufl.). UTB.

Scholl, A. (2018). *Die Befragung* (4. Aufl.). UVK Verlagsgesellschaft.

Tourismus NRW e.V. (2019). *Kultur.Tourismus. Ein Praxisleitfaden.* https://tourismusverband.nrw/_Resources/Persistent/d/4/f/b/d4fbd8105b785c1a5ef2d37d347bf76b96867ecb/Kulturtourismus-Praxisleitfaden.pdf. Zugegriffen: 25. Nov. 2022.

Wagner, P. & Hering, L. (2014). Online-Befragung. In Bauer, N. & Blasius, J. (Hrsg.). *Handbuch Methoden der empirischen Sozialforschung* (S. 661–673). Springer VS.

Wegner, M. (2016). Museumsbesucher im Fokus. Befunde und Perspektiven zu Besucherforschung und Evaluation in Museen. In Glogner-Pilz, P. & Föhl, P.S. (Hrsg.), *Handbuch Kulturpublikum. Forschungsfragen und -befunde* (S. 255–283). Springer VS.

Wittenberg, R., Cramer, H. & Vicari, B. (2014). *Datenanalyse mit IBM SPSS Statistics. Eine syntaxorientierte Einführung.* UVK Verlagsgesellschaft.

Zwerenz, K. (2015). *Statistik. Einführung in die computergestützte Datenanalyse.* (6. Aufl.). Oldenbourg.

Printed in the United States
by Baker & Taylor Publisher Services